新潮文庫

処女の道程

酒井順子著

新潮社版

11799

目次

処女の道程

性の解放、行き着く果ては

「結婚するまで処女でいるべきかどうか」という問題が世で議論されなくなってから、もうどれくらいが経《た》ったのでしょうか。最近、若い女性と話していたら、女性は結婚するまで処女でいるべきだ、という感覚がかつての日本にあったことを、彼女は知りませんでした。そのうち処女という言葉自体も、死語になっていくのかも。

貞操という言葉もまた、耳にしなくなっています。夫婦の間には、一応は「配偶者以外とは性的関係を結ばない」という貞操義務があるようですが、そんな義務を死守しなくてはならないと思っている人が、どれほどいることか。

かつては、「貞」や「操」、はたまた「純」「潔」といった字が、子供の名前にもしばしば使用されたものでした。のみならず、男子名であれば「義」や「忠」など、儒教の香りが漂う文字が、よく使用されていたもの。

同級生の名前を思い浮かべてみれば、さすがに「サダ」とか「貞子」はいなかったものの、「節子」さんや「純子」さんは、いました。また私の名前に使用されている従順の「順」からも、儒教っぽいムードが漂います。そういえば雅子《まさこ》妃には私と同い年の双子の妹さんがいらっしゃるのですが、彼女達の名前が「礼子」と「節子」。雅子さまがお妃に、というニュースの時、その命名の仕方に「ちゃんとした家庭」感を覚えたものです。

おそらく我々世代は、儒教的命名がなされた最後の世代ではないかと思われます。しかしそんな我々であっても若い頃、「結婚するまで処女を守った方がいい」などという感覚は、既に持っていませんでした。たとえば純子と潔という〝純潔〟カップルですら、独身のうちから「し」まくっており、結果的には結婚に至らなかったりしたもの。

育った地域や家庭によっては、「結婚するまで処女」という感覚を持っている人もいたのだと思います。もちろん、礼子&節子姉妹の家庭においてもそのような感覚はあったのでしょうが、東京のチャラ目の環境の中で成育した私の周辺においては、「結婚するまでは処女で」とは、誰も思っていなかったのです。

私達は今、「処女」という言葉を、「セックスを一度もしたことがない女性」という意味で使用しています。が、たとえば『新字源』を見てみると、「処女」は「結婚せず、まだ家にいる女」とのみある。国語辞典の類《たぐい》を見れば、「性的経験をまだ持たない」とか「きむすめ」といった表現が出てきますが、漢和辞典においては、セックス経験には触れられず、「結婚せず、まだ家にいる」のが処女、と解説されているのです。

「処」という字は、ある場所に「居る」という意味を持っています。ですから「処女」は、「実家にいる女」のこと。「処女」の本来的意味合いは、こちらの方だったようです。

というよりも、未婚の女性は実家に住むのが当然で、結婚していない女性はセックスをしたことがないのが当然、という時代に中国でできた言葉が、「処女」。女性にとって、「結婚する」ことと「実家を出る」ことと「初めて異性と性交渉を持つ」ことは、同義だったのです。

日本でも、その感覚が通用していた時期は、確かにあります。結婚前の女性の集団は、かつて「処女会」などと呼ばれていたのであり、結婚の未経験者と性交の未経験者は、極めて近い存在であったものと思われる。

しかし時代は、変わります。私の青春時代には、実家に住んでいる独身女性が処女である保証は、なくなっていました。未婚で家にいるという意味では処女だけれど、セックス経験という意味では処女ではないという女性達が、大量発生していたのです。

住居形態にしても、独身女性だからといって実家に住んでいるわけでもなくなってきました。一人暮らしの独身女性もたくさんいるわけで、「実家は出ているけれどセックスはしたことが無い女」とか「実家暮らしだけれどセックスはしている女」など、様々なタイプの独身女性が存在するように。結婚することと実家を出ること、そして初めてのセックスをすることのタイミングが一致しなくなってきたのです。

我が身を振り返ってみれば、私は二十九歳まで、実家で暮らしていました。二十九歳の私は、「実家にいる女」で「独身」で、という意味では処女でしたが、セックス経験という意味では、処女ではありませんでした。

そんな私は、「三十にもならんとしていて実家暮らしはさすがにヤバかろう」と実家を出たのですが、その感覚のベースには、「セックス経験としては処女ではないのに、実家に住むという処女っぽい行動をしている」ということに対する違和感があった気がします。

しかし我が母はその時、

「結婚するわけじゃないのに娘が家を出るなんて」

と、泣いていたのだそう。母は、娘がセックス経験という意味において処女であるとは思っていませんでしたが、「とはいえ実家にいるということは、半分処女」くらいに思っていたのかもしれません。父親に至っては、あらゆる意味で真性処女だと思っていた可能性もある。

保守派の知人からは、

「独身の女性は、一人暮らしなんてしない方がいい」

とも、言われました。おそらくその人は、独身の私を心配して、

「セックスはしてるんだろうけど、実家に住んでいるだけで処女枠に片足を突っ込んでいるようなものなのだから、これ以上条件を悪くしない方がいい」

と言いたかったのだと思います。たとえ二十九歳であっても、処女である方が結婚しやすいという感覚を、持っていたのかもしれませんが。

しかし私は、そのようなアドバイスには耳を貸さず、そして親を泣かせたままにして、実家を出ました。結婚はしていませんでしたが、「実家を出た」という意味でも、「セックス経験」の意味でも、非処女になったのです。当然ながらその時、「恥ずかしい」とか「不名誉」という感覚は、抱きませんでした。とっくの昔にセックス先行で非処女になってはいたものの、実家に「処《い》る」という部分にモヤモヤした感覚を抱いていた私は、名実ともに処女ではなくなったことで、とてもすっきりしたことを覚え

ています。

大正五年（一九一六）に創刊された雑誌「婦人公論」を百年分、読んだことがあるのですが、初期からしばしば見られたのは、結婚まで女性は純潔を守るべきか、という問題に関する議論でした。創刊当初は、当然のように純潔は結婚まで守るべきとされていましたが、少しずつ「結婚まで処女で」という風潮は薄くなっていき、現代に至っては、「処女」とか「純潔」といった言葉は、誌面からきれいに消えています。

すなわち日本女性は、この百年の間に、結婚前にセックスを「する」ことに躊躇《ちゅうちょ》しなくなっていったのです。それを性的にルーズになったと見る人もいれば、性的に解放されたと見る人もいましょう。いずれにせよ日本女性は、結婚とセックスとを分けて考えるようになったのです。

結婚前にセックスをするかしないかといった、時期の問題だけではありません。誰とするかという相手の問題、そしてどれくらいするかという量の問題についても、女性達はルーズに、もしくは解放されていくことになります。

女性にとって、「結婚」と「実家を出る」ことと「セックスを初めてする」ことが同義だった時代は、女性は二夫《にふ》に見《まみ》えるべきではない、という感覚も存在していました。すなわち結婚の時に結婚相手と初めてのセックスをし、以降は死ぬまでその人としかしないのが、あるべき女性像だったのです。

　しかし時代が変わり、結婚前のセックスもアリになってくると、「夫以外とはしない」という貞操観念も、あやしくなってきました。日本女性は、結婚相手や、結婚を約束した男性以外とも、「する」ようになってきたのです。セックスの相手は「夫」でなくともよくなり、人生の中で複数の相手と「する」ことに、躊躇がなくなってきました。

　量的にも、発展が見られます。「二夫」などとケチくさいことも考えなくなり、ごく普通のお嬢さんですら、三、四人どころか二桁《けた》の男性との性的接触を経験するケースも、珍しくなくなります。セックスは結婚の付随事業ではなく、恋愛というレジャーを楽しむための一手法であったり、一種のスポーツや健康法、はたまた美容法のように捉《とら》えられるようになるのです。

　昭和四十一年（一九六六）に生まれた私自身の感覚を回想してみますと、ティーンだった時代は、いわゆる「やらはた」にはなりたくない、という感覚があったことを思い出します。「やらはた」とは、「ヤラずに二十歳」の意。この言葉は、私の青春時代から存在はしていたようですが、あいにく私の耳には届いていませんでした。が、確かに「二十歳までには『して』おかないとダサいのでは？」という感覚は、漂っていたのです。

とはいえ、あまり早くにセックスを体験しすぎてしまうのも、ヤンキー（この言葉も当時の東京ではまだ流布《るふ》していなかったのだが）のようでいかがなものか。……ということで、当時の女性にとっては、十八〜十九歳くらいが、理想の初セックス年齢とされていたのではないか。

私も、この考えにのっとって行動していました。高校を卒業してから、二十歳を迎えるまでが、「しどき」。けれど、その行為を結婚に結びつけようなどとは、夢にも思っていませんでした。

なぜ、ヤラないままに二十歳になることが恥ずかしかったのかというと、まずはそれが、モテない証左のような気がしていたから。

見合い結婚と恋愛結婚の割合が逆転したのは、一九六〇年代末のことでした。戦前までは七割近くを占めていた見合い結婚の割合は下がり続け、特に七〇年代には激減の一途をたどります。

恋愛結婚の解放は、当時の若者にとって朗報のように聞こえたかと思いますが、同時にそれは地獄の始まりでした。独身者達は自分の力でモテて、自分の力で異性とつがいをつくらなくてはならなくなったのです。

ニュートラという、男性にモテることを目的としたファッションが登場したのが七〇年代であることは、その事実を象徴しています。「健康な若い女」でありさえすれば、親などが結婚相手を見つけてくれる時代は、終わったのです。

「異性に好かれなくてはならない」とゼイゼイするようになった若者は、次第に「良い結婚相手」よりも、「モテている実感」を得ることの方に、夢中になります。恋愛経験や性的経験を多く積む方がイケてる、という思いが募った結果、「二十歳になる前までにセックスをせねば」と焦《あせ》るようになったのではないか。

当時はまだ、大人への憧《あこが》れを若者が持っている時代でもありました。私が青春期を過ごした一九八〇年代は、一部の中高生が自らの「若さ」という資源の有効性に気づき始めた時代ですが、多くの若者は「早く大人になって、大人にしか許されないことをしたい」という願望を抱いていました。大人っぽいことに対する憧れ感が、「いつまでも処女ではダサい」という感覚を生んだ可能性もあります。

このように、私の青春時代はすでに女性の性的モラルはユルユルで、それが当然だと思っていたのですが、どうやら昔はユルユルではなかった時代もあった模様。そして今、日本の近代を振り返ると、女性達が性的にユルくなっていくにあたっては、いくつかのブレイクポイントがあったことがわかります。儒教的モラルを打ち砕くような動きが盛り上がった時期が複数回、見られたようなのです。

日本女性がユルくなっていく過程を見ていくことが本書の主眼となりますが、しかし日本女性は、どこまでもユルくなり続けるわけでもないということも、最近は判明してきました。性的なユルみ、もしくは解放は、日本女性の中で一度、行くところまで行ったと思われるのであり、その反作用が、今は見られているのではないか。

私が驚いたのは、芥川《あくたがわ》賞作家の村田《むらた》沙耶香《さやか》さんのインタビューを新聞で読んだ時でした。記事の見出しにあったのが、

「性交渉　少数派になるかも」

という文章だったのです。

その見出しに私は一瞬「？」と思ったのですが、

「しない自由だってある」

というもう一つの見出しを見て、「！」という気分に。

村田さんは、昭和五十四年（一九七九）生まれ。ご本人はギャルではなかったと思われますが、ギャル世代です。お名前にも、儒教的文字は使用されていないということで、私とは完全に文化的に異なる時代に青春を過ごされた方と思われる。

芥川賞受賞作の『コンビニ人間』は、コンビニでアルバイトをする三十六歳の女性が主人公ですが、彼女は処女で、恋愛欲求も無いし、処女であることを恥じてもいません。他の小説においても、処女であったり、恋愛に対する欲求の薄い人達が、しばしば描かれているのです。

新聞のインタビューには、

「セックスは人生の必修科目のように言われていますが、そうでしょうか」

とか、

「恋愛と生殖を切り離すことが、実は私たちにあっているかもしれない」

といった発言がありました。このインタビューや村田作品を読み、「面白い！」そして「新しい！」と、感動した私。「性交渉が少数派に」とか「しない自由」といった感覚は、とにかく「モテなくては」とか「やらはたは恥ずかしい」などとゼイゼイしていた私達には、思いもよらない新鮮さではありませんか。

思い起こせばここしばらく、「草食男子」とか「若者の恋愛離れ」といったことが言われておりました。大人になっても性交を経験したことがないという処女率、童貞率が上昇しているというニュースもあったものです。

ユルユル期に青春を過ごした私のような者としては、そんな若者のことを「情けない」と思って見ていました。性交にしても恋愛にしても、本当はしたいのにできないとは可哀想《かわいそう》、くらいの上から目線だった。

しかしおそらく彼等は、「したくてもできない」ではなく、「したくない」のです。そんな人々からしたら、セックスにゼイゼイしている上の世代の感覚は、とても古臭いのではないか。

性が解放し尽くされた結果、「もういいや」と引き返す人が出はじめた、今の日本。村田さんの小説『消滅世界』では、人間同士でセックスする人は変人扱いされ、アニメのキャラクターとの恋愛もまっとうな恋愛としてみなされる世界が描かれていましたが、そんな世界がいつか本当にやってくるのかもしれません。処女と貞操の歴史をひもとくことによって、日本女性にとってのセックスの来し方そして行く末を、しばらく考えてみたいと思っております。

平安の貞操事情

処女の価値が高くなったり低くなったりしている、日本の近現代。さらにうんと時代をさかのぼってみたならば、その辺のことに対する感覚は、だいぶ違っていたようです。

たとえば万葉集では、性的ニュアンスを漂わせる歌が多く詠《よ》まれていることが知られています。人々は、自らの感情と欲求とに素直になって、紐《ひも》やら衣やらを、解いたり解かなかったりしていた模様。

万葉集の時代、男女が出会い、仲を深める場となっていたのが、歌垣《うたがき》です。東国では嬥歌《かがい》と言ったのだそうで、男女が歌いかけあう等、歌舞音曲を楽しむ場となっていました。

中でも有名だったのは、筑波《つくば》の嬥歌。高橋虫麻呂《たかはしのむしまろ》も、筑波の嬥歌について詠んでおり、そこには、

「娘子壮士《おとめおとこ》の行き集ひ　かがふかがひに　人妻に我も交はらむ　我が妻に人も言《こと》へ」

とありました。おとめやおとこ達が集まる嬥歌の場で、この歌の主人公は「俺も人妻とあんなことやこんなことを……」と目論《もくろ》んでいます。のみならず、「俺の妻に他の男が言い寄ったって構わない！」とも。なぜならば、

「この山を　うしはく神の　昔より　禁《いさ》めぬわざぞ」

ということだから。筑波山の神様が昔から認めている行事なのだから、何をしてもいいだろうよ、という感覚です。

歌垣・嬥歌とは、今で言うレイブのようなものだったのではないかと私は思います。すなわち、しらふではなかろう男女が夜に集って歌い踊り、トランス状態で様々な心身のコミュニケーションを楽しむ、というような。当時の筑波は、イビサ島のような場所だったのかもしれません。

となるとそこに貞操観念は、なさそうです。この歌の詠み手、もしくは歌の主人公である男は人妻とやる気まんまんですし、自分の妻が他人としても構わない、と思っているのですから。

未婚の若い男女は、もっと鼻息が荒かったことでしょう。まだセックスを経験して

いない男女も、嬥歌において自然にその手の経験を積んだに違いありません。神様も許しているということで、男女は自由に欲求を噴出させたのではないか。

万葉集には「娘子」「処女」「未通女」など、「おとめ」を意味する言葉が色々と出てきます。この、筑波の嬥歌を詠んだ歌では、そんな「おとめ」の中に、人妻も含まれるように読むことができます。「おとめおとこ」が集う筑波山で「人妻としちゃおうかな」と思うということは、「おとめ」の中には人妻も含まれる、ということではないか。

近代において「おとめ」は「処女」と書かれることもあり、セックスを経験していない女性と捉えられていましたが、万葉集の時代は、必ずしも「おとめ」がセックス経験が無い女性のことを示していたわけではないのかもしれません。既婚女性であっても、また未婚で既に性体験を持っている女性も、若くてぴちぴちしていれば「おとめ」。「おとめ」の条件として、性的経験の有無を厳密に問う姿勢は、なさそうです。

柿本人麻呂《かきのもとのひとまろ》は、

「未通女《おとめ》らが袖布留山《そでふるやま》の瑞垣《みずかき》の久しき時ゆ思ひき我は」

という歌を詠んでいます。奈良の石上《いそのかみ》神宮がある布留山で、おとめ達が袖を振っている。その瑞垣がずっとあるように、私もあなたをずっと思っている。……といった意味の歌ですが、この場合の未通女は、神社の巫女《みこ》とも考えられ、セックス経験は無さそうです。が、きっとこれも厳密に確認したわけでなく、イメージ上の未通女ではないか。

菟原処女《うないおとめ》という人について詠んだ歌も、万葉集には収められています。今の神戸市東部から芦屋《あしや》にかけた辺りに菟原という地があり、そこに住んでいた若く美しい女性が、菟原処女。二人の男性が彼女に求婚していたのですが、いずれ劣らぬ彼等のどちらと結婚するか、決めることができません。

両親は、川に浮かぶ水鳥を弓で射ることができた方と娘を結婚させることにしたのですが、二人の矢は同時に水鳥に刺さっていました。菟原処女は困った末に川に身を投げ、のみならず二人の求婚者も、後を追って身を投げてしまうのです。

菟原処女が葬《ほうむ》られたとされる「処女塚」が、今の神戸市にあります。大伴家持《おおとも(の)やかもち》などの万葉歌人がこの辺りを通りかかった時、悲しい処女伝説に思いを馳《は》せ、歌を詠んでいるのでした。

「処女塚」というと、いかにもセックスを経験しないまま死んだ女性の墓、という感じの名称ですが、やはり菟原処女が必ずしもセックス未経験とは限らないのかもしれません。二人の男から求婚される前に、実は色々と過去が。……ということも、考えられなくはない。

今であれば、二人の男が自分のことを好きになったら「とりあえず、してから考える」という手法もあります。セックスの相性も、結婚する上では大切。矢を射る技術は同等でも、セックスの技術には差があるのかもしれず、死ぬくらいならとりあえずしてみればよかったのに、という気もする。しかしそのようなことはせずに死を選んでしまった菟原処女の行動に、「やはり未経験だったのかも」と、思うのでした。

モテていることを喜ばず、反対に落ち込んでいくという菟原処女の心理は、源氏物語・宇治十帖《じゅうじょう》における大君《おおいきみ》を思い起こさせます。帝《みかど》の息子として生まれながらも時流から外れ、宇治で隠遁《いんとん》生活を送る父を持つ大君・中君《なかのきみ》の姉妹は、そうとは書いてありませんが、セックス未経験という意味での処女姉妹だったのではないかと私は思います。都心から離れた地に住むということは、恋愛・性愛の中心地からも離れて過ごすということ。一生処女でいよう、という気持ちでいたところに、源氏の息子（として育ってはいるが、実はタネは柏木《かしわぎ》）の薫《かおる》から予期せぬ求愛を受けたことによって、大君は心身ともに弱っていったのではないか。

万葉集の時代から引き続き、性においては開放的な平安時代において、大君の姿勢は頑《かたく》なに思えます。読者は、後ろ盾の無い大君が薫を拒否し続ける様を見て、「早く身を任せてしまえばいいのに」と思う。

宇治という郊外に住む大君は、男性を拒否し続け、処女のままで（私見ですが）亡《な》くなるのですが、源氏物語において、男性から迫られた時に拒否できる女性は多くなく、たいていは望むと望まざるとにかかわらず、「して」います。そして、そのことについてそう深く悩む様子もないところに、現代と共通するものを私は感じるのです。

この時代の貴族男性の行動を見ても、やはり現代と同様に、「セックス未経験の女と結婚したい」「セックス未経験の女が好き」という感覚は、さほど強くありません。女が結婚相手に一生添い遂げるべき、という感覚もまた薄いのです。

たとえば、夕顔《ゆうがお》。夕顔は、光源氏が十七歳頃にはまっていた女性ですが、彼女は源氏の友達である頭中将《とうのちゅうじょう》の元カノであり、頭中将との間に子もなしています。源氏がそのことを知ったのは夕顔の死後ではありますが、明らかに処女ではなく、セックス経験も浅くはない女性である夕顔に、源氏は夢中になったのです。

お年頃のせいもあり、色々な女性としまくっている十代後半の源氏は、経験豊かな女性を好む傾向を持っています。空蝉《うつせみ》も人妻ですし、父親の妻の一人である藤壺《ふじつぼ》ともして、妊娠させてしまう。六条御息所《ろくじょうのみやすどころ》もまた、結婚経験のある経産婦なのですし。

母親を早くに亡くしている源氏はマザコンであり、母のような女性を探し続けているから熟女が好きなのだ、という話もありますが、そんなお相手達の中でも特に経験豊富なのは、源典侍《げんのないしのすけ》でしょう。ひらたく言うと「やりまん」であると同時に「エロババア」である彼女の年齢は、源氏より四十歳ほど上。六十歳近い源典侍とも源氏は、「して」みるのです。

女性の性的経験は、少なければ少ないほどいい、などというケチ臭いことは考えず、性的経験豊富な女性と積極的に交わる、源氏。その行為によって得られるものも、さぞ多かったことでしょう。

では源氏は熟女専なのかといったら、そうではありません。源氏最愛の女性と言ってもいい紫《むらさき》の上《うえ》を見初《みそ》めた時、彼女はまだ少女だったのですから。

少女時代の紫の上を、拉致《らち》するように自分の邸《やしき》に連れてきた、源氏。藤壺に似ていたから、という理由もありましたが、彼は紫の上を自分の思い通りの女性に育ててあげたい、と思ったのです。熟女と幼女を同時に愛する度量の広さを、彼は持っていました。

度量が広いとはいえギリギリ変態ではない源氏は、紫の上の成長を待ってから、初めて「する」ことになります。源氏の正妻である葵《あおい》の上《うえ》が亡くなった直後という、いかがなものかと思われるタイミングで、彼は紫の上の処女を破るのでした。

源氏物語は、まぐわいのシーンを具体的に描くことはしません。が、

「男君はとく起きたまひて、女君はさらに起きたまはぬ朝《あした》あり」

と、つまりは「源氏は朝早くに起きてきたのに、紫の上は一向に起きてこない朝があった」という文章によって、二人が初めて「した」ことを表現しているのでした。

それまで数年を共に過ごし、紫の上に色々なことを教えてきた源氏のことを、彼女は兄や父のように、慕っていたでしょう。そんな人がある晩突然に、無体なことをしてきた。「今まで何も疑うことなく頼りにしていたのに、こんな気持ちをお持ちだったなんて」とショックを受けた彼女は、朝になっても寝床から出ることができなかったのです。

源氏が覗《のぞ》いてみても、汗をびっしょりかいて、額髪《ぬかがみ》をしとどに濡《ぬ》らしている、紫の上。源氏は日がな一日、紫の上のご機嫌をとり続けます。

源氏物語には、たくさんの女君達が登場しますが、破瓜《はか》の後の初々《ういうい》しさについて、このように詳細に描かれているケースは、他にありません。末摘花《すえつむはな》や明石《あかし》の上《うえ》、女三の宮なども、源氏と初めてした時は処女であった可能性がありますが、特にそれを匂《にお》わせることを、紫式部《むらさきしきぶ》は書いていないのです。源氏に育てられ、源氏と共に過ごし、源氏以外の男性とはしなかった紫の上は、源氏物語における一番の処女キャラとして、

清い光を放ち続けているのでした。

処女を破った相手である源氏と生涯を共に過ごし、源氏以外とはしないという紫の上の人生は、しかしこの時代においては特殊であったのかもしれません。平安文学を読んでいますと、この時代、女性のセックス経験は、さほど男性から忌避《きひ》されるものではなかった印象を持つのです。

当時は、女性のところに男性が忍んできて「する」という方式がとられていましたから、強姦《ごうかん》まがいの行為も、珍しくなかったでしょう。また、一人の女性が複数の男性を通わせることも、可能でした。処女性や貞操にこだわることは、あまり現実的ではなかったのかもしれません。

たとえば稀代《きたい》のモテ女として知られている、和泉式部《いずみしきぶ》。彼女は最初の結婚をした後、離婚するかしないかという時に、冷泉《れいぜい》天皇の皇子である為尊《ためたか》親王と交際。為尊親王が亡くなった後は、その弟である敦道《あつみち》親王とも交際するのです。

実の兄弟が、和泉式部の肉体を通じても「きょうだい」に。……ということで、和泉式部は恋多き女。敦道親王の死後は、また別の人と結婚をしています。

紫式部は、あのような物語を書いていながら割と性的モラルには厳しかったようで、『紫式部日記』では、

「和泉式部といふ人こそ、おもしろう書きかはしける」

と最初は褒めておきながら、

「されど、和泉はけしからぬかたこそあれ」

と、貶《けな》すのでした。彼女の性的奔放さについて「いかがなものか」と紫式部は思っているわけです。


しかし殿方達は、そのようなことは気にしなかった様子。敦道親王などは、和泉式部がモテることを心配し、しょっちゅう「他の男が来ているのではないか」と疑っているのですが、「だから嫌い」とはなりません。「他の人としたことがある」という過去も、「今も他の人としているかも」という不安も、恋のスパイスとして捉えていたのではないでしょうか。

このように、「女は一人の男にずっと添い遂げるべき」とか「結婚する時は処女で」といった感覚は強くなかったように思われる、平安貴族社会。そんな中で、処女性が求められたのは、斎宮《さいぐう》、斎院といった立場においてでした。伊勢神宮に仕える斎宮、賀茂《かも》神社に仕える斎院は、未婚の皇女の中から選ばれていました。神に奉仕するのは、さすがに清いおとめがよかったのでしょう。源氏物語においては、六条御息所の娘も、斎宮に選ばれています。

性的に自由な時代であるからこそ、斎宮・斎院の存在は際立《きわだ》つのですが、では斎宮や斎院はその任期中、本当に清いままでいたのだろうか。……と、私はつい思ってしまうのでした。皇女とはいえ、若い女性。つい出来心で、ということはなかったのか。と思ったら、やはりあったようです。醍醐《だいご》天皇の孫である済子《なりこ》女王という人は、斎宮に選ばれました。選ばれたからといってすぐに伊勢に行くわけではなく、まずは京都の初斎院《しょさいいん》へ移り、その後は野宮《ののみや》に赴いて潔斎の日々を送ります。その時期に済子女王は、野宮において、男性と「して」しまったらしいのです。

それも相手は上流貴族などではなく、滝口《たきぐち》の武士。滝口の武士とは、皇族等の警護にあたる者のことで、洒落《しゃれ》て言うなら近衛《このえ》兵《へい》ですが、平たく言うならガードマンといったところでしょうか。

身分の高い女性が身分の低い男性と恋におちるというのは、いつの時代も胸躍る物語です。チャタレイ夫人は森番の男と、そしてダイアナ妃はやはり近衛兵のヒューイット少佐と付き合ったわけですが、しかしチャタレイ夫人もダイアナ妃も、既婚者。夫婦間の何らかの不満を解消するはけ口として、身分が下の男性は選ばれました。

対して済子女王は、これから身を潔《きよ》めて伊勢に赴くという、処女の皇女。そんな清い存在と滝口の武士が「して」しまうなんて！

……と興奮したのは、私だけではないようです。済子女王は、武士との情事が露呈して野宮から下がることになり、伊勢へ行くこともなかったのですが、この事件は当時、大きなスキャンダルとなった模様。

　のみならず、そのスキャンダルは平安時代、物語仕立ての春画として描かれもしたのです。「処女の皇女が潔斎の地で、低い身分の男としてしまう」というのは確かにエロい題材なわけで、春画にしたい気持ちもよくわかります。が、それはあまりにも畏《おそ》れ多いのではないかとも思うのでした。今の皇室に置き換えてみるならば……、などと考えるだけでも「不敬罪」の三文字が、頭に浮かぶ。

　その春画は「小《こ》柴垣草子《しばがきぞうし》」と、名付けられました。してその草子はどのような内容であったかというと……、以下次章。

「女の欲求」が見えていた頃

未婚の皇女から選ばれた、伊勢の斎宮。そんな斎宮が野宮で潔斎中、滝口の武士と「して」しまったという平安時代のスキャンダルを、物語仕立ての春画として描いたのが、『小柴垣草子』です。

小柴垣とは、野宮に巡らされていた、枝を編んでつくった垣根のこと。ある晩、イケメンで女好きの武士・平致光《たいらのむねみつ》が野宮を警護していたところ、それを御簾《みす》の中からチラと目にしたのが、斎宮になるため精進潔斎の日々を過ごしていた、済子女王でした。

本来であれば、女王たるもの、警護の武士の顔を見ることができるほど端近《はしぢか》にいてはならないはずです。外から見えるような端近に身を置くのは、高貴な女性らしからぬ下品な行為。しかし彼女は、好奇心の強いタイプだったのかもしれません。また野宮という慣れぬ地が、彼女の好奇心のタガを緩ませたのかも。

『小柴垣草子』では、御簾ごしに二人の目が合った次の絵において、もう軒端《のきば》に腰掛けた女王が、下半身を丸出しにしています。致光は、背負っていた弓矢を小柴垣にたてかけ、今にもクンニリングスに及ぼうとしているのでした。

処女であるはずの女王が、男と出会っていきなりこういった行為に及ぶとは、大胆です。春画は恋愛の過程を描くためのものでなく、「行為」を表現するものですから当然かもしれませんが、それが終われば、次は即、挿入シーン。

処女だからといって、女王が恥じらったり、抵抗している様子は、ありません。出血している様子も、見られない。詞書《ことばがき》を読んでも、女王が抵抗したり痛がったりしたとは書いておらず、スムーズに相手を受け入れている模様です。正常位のみならず、座位、女性上位、後背位、柱を利用した駅弁スタイルに69……と、様々な体位を見せて、この草子は終わります。

済子女王って、本当に処女だったのか？　……と、この草子を見る限りでは思うわけですが、処女か否《いな》かは、あまり問題ではなかったのでしょう。これらの絵は鎌倉時代あたりになってから描かれたとの説もあるようですが、いずれにしてもその辺の時代の人は、「処女が初めて事に到《いた》る」ということに対して、さほど興奮しなかったのではないか。

女王という高貴な処女が、身分が下の武士とまぐわう、という題材を現代の人がAVにするならば、様々な体位を見せるというよりは、処女を喪失する時の恥じらいや抵抗を、もっと厚く描くはずです。最初は必死に抵抗していた女王が、経験豊富な武士のテクニックによって次第に開花していく様が、見どころになるでしょう。

しかし『小柴垣草子』で女王は、まるで熟達の女性のように、様々な体位に応じています。それはすなわち、その方がウケるから、ということではないか。当時は、処女の初体験の描写よりも、手《て》練《だ》れの女性による行為の方が喜ばれたことが考えられるのです。

この草子は、建礼門院《けんれいもんいん》が結婚する時、性の手引書として携えていったという話もあるのだそう。だからこそ性のカタログのように様々な体位が記されたのかもしれませんが、だとするならば当時の花嫁は、「様々な体位を知っているべき」だった可能性があります。近現代の女性のように、性的なことは知っていても知らないフリをする方が初々しくてよいという感覚は、無かったのではないか。

性的な面以外においても、鎌倉期の物語に登場する女性達は、なかなかに活発です。たとえば『平家物語』に登場する巴《ともえ》御前は、美女である上に大力の持ち主。幼な馴《なじ》染みであり、恋人でもある木曾《きそ》義仲《よしなか》と共に戦《いくさ》に向かい、一騎当千の兵《つわもの》と言われます。また『吾妻鏡《あづまかがみ》』に登場する板額《はんがく》御前は、弓矢では誰にも負けない大女。やはり戦で大活躍するのでした。

彼女達に静《しずか》御前を加えて「三大御前」と言われているようですが、静御前は、前者二名のように強かったわけではありません。が、彼女は義経《よしつね》と行動を共にして、吉野山を右往左往している。

三大御前を見ていると、まずは男がやたらと女と一緒に行動しているのがわかります。途中で別れたりはするものの、戦や逃避行の時に、「参加したい」と熱望する女がいれば、参加させている。その辺は、戦国時代以降のボーイズクラブと化した武士達の感覚とは違う模様なのです。

巴と板額は、単に戦にのぞんだだけでなく、尋常でなく強いのも特徴であり、巴などは、戦う相手（男）の頸《くび》をねじ切ったりしています。もちろんそこには伝説も混じっていましょうが、「強い女」を賞賛する感覚は、あったのではないか。

板額御前という人は、巴や静と比べるとあまり知られていませんが、私は彼女のことが気になって、その故郷である新潟県の北東部に位置する胎内《たいない》市を訪れたことがあります。

胎内とはアイヌ語に由来する地名との説がありますが、板額御前はこの地に、越後平氏の有力豪族である城《じょう》氏の娘として生まれました。源氏方の佐々木盛綱《ささきもりつな》が攻めてきた時、彼女は髪をきりりと上げて、弓を射まくったのだそう。『吾妻鏡』によれば彼女も相当な美人であったようですから、その様子はさぞや目立ったことでしょう。胎内市の中条《なかじょう》駅前には、板額の銅像も立っていました。

巴と板額、いずれ劣らぬ女武者だったわけですが、両者の最も大きな違いは、巴は非処女（たぶん）で、板額は処女（たぶん）というところです。巴は木曾義仲の彼女ですから、おそらくは義仲と「して」いたでしょう。信州の山の中で義仲と共に育っているのであり、ちょっとした娯楽感覚で、かなり若い頃から「して」いたかもしれません。

自分の男のために戦っていた巴に対して、板額は嫁入り前の娘。彼女は自分の実家のために、戦っています。結婚はしていなくとも「して」いた可能性はあるというものの、色恋絡《がら》みで大力を出していたわけではないところに、ジャンヌ・ダルク的な処女性が感じられはしまいか。

板額はしかし、敵に太股《ふともも》を射抜かれてしまいます。彼女が戦えなくなったことによって戦力がダウンし、城氏は敗北。板額は、敵に捕えられてしまいました。

男であれば、命を奪われるか、流刑などに処されるであろう、その立場。しかし浅《あさ》利与《りよ》一《いち》という武将が、板額を預かりたいと言い出します。強い女と夫婦になって、強い子を授かりたいのだ、と。かくして板額は彼に嫁いだと、『吾妻鏡』にはあるのでした。

巴にもまた、似たような話が残っています。形勢不利となって、義仲は巴を落ち延びさせるために別れるのですが、東国に逃れた巴が、その後、和田《わだ》義盛《よしもり》の妻となって子を産んだ、という説が。

女武者が敗北を喫した後、敵方の男の妻となる、という形がそこにはありますが、それは「強い女」を妻にすることに躊躇しない男がいたからこそ。浅利与一の場合は「強くてきれい」という部分にグッときたのかもしれません。そして和田義盛の場合は、巴の肉体を通じて敵方の義仲と「きょうだい」となることをよしとする気持ちがある。

勝者が敗者の女を我が物にするケースが鎌倉時代には珍しくなく、それは「勝者の当然の権利」なのかもしれません。が、言ってみれば〝他人のお古〟である敗者の女を自分の女にすることに忌避感を覚えないということは、鎌倉時代の武士達にとって、「俺が女にした」といった誇りはさほど大切ではなかったということをも示すのではないか。女が複数人の男を相手にしていても気にしない感覚が、あった気がするのです。

このように、処女性を珍重するとか、女は生涯一人の男としかしてはならないといった貞操の観念がそれほど強くなかったように思える、鎌倉時代までの日本。それは、性欲であれ武力であれ、女性の内奥《ないおう》から湧《わ》いてでる力を、躊躇なく表に出すことができた時代だったように思います。

そんな雰囲気は、しかし本格的な武士の時代になるにつれ、変化していきます。日本のマッチョ性が増して、全体的に女性の影が薄くなってくるのです。

戦国期以降は、平安時代のように、女性の手による文章も多くは残っておらず、女性達の生々しい姿は、わかりづらいものに。巴や板額のように、肉体的な力を発揮する女性は、物語の中でも目立たなくなります。

結婚のシステムも、変わったようです。平安時代は、男が女の許《もと》を訪れることによって、結婚が始まりました。女の実家が、男に対して家やら衣服やらを用意してあげるというシステムだったのです。天皇に娘を嫁がせた藤原《ふじわら》氏の力が強大化したのは、母方の権力が強まる外戚《がいせき》政治のシステムがあったからこそ。今で言うならば、雅子さまを嫁がせた小和田《おわだ》家の権力が増大し、雅子さまのお父さんが総理になる、といった感じか。

母方の権力が強い時代が終わって武士の時代になれば、権力は母方から父方へと移行。そうこうしているうちに江戸時代になると儒教が流行し、「孝」や「忠」やと同時に「貞」という観念も重要視されるように……。

「貞」とは、「女性が操《みさお》を守り通す」といった意味のようです。「操」という言葉は今、ほとんど死語と化しましたが、そもそもは「意志をかたく守って変えないこと」であり、その「意志」とは「性的な純潔を守る」ということでした。

昭和を知る人であれば、殿さまキングス「なみだの操」の歌詞を思い浮かべていただくとわかりやすいかと思いますが、ある特定の相手のためだけに「守」ったり「捧《ささ》」げたりするのが、操。複数の相手に身を開いたが最後、操は消散します。「なみだの操」を歌ったのが「殿さまキングス」であることは、貞操問題の一面をよく表していましょう。女の操は、日本が殿様の時代となってから、重要視されるようになった観念。殿様を殿様たらしめるために絶対必要だったのが、女の操でした。「貞節」とか「忠孝」は、中国由来の儒教の言葉です。父権制をベースに、家をつなげていくことが重要視された世において、父親の血統をきちんと後世に伝えていくために必需とされたのが、女性の貞操意識でした。

ＤＮＡ検査も避妊法も無い時代には、妻が産んだ子が本当に夫の子であるという確証を得るためには、妻に強い貞操観念を植え付ける必要がありました。『源氏物語』のように、源氏が父の女を妊娠させ、柏木は源氏の女を妊娠させ……と「ＮＴＲ《ネトラレ》」が横行してしまっては、正当な血統を守ることはできないのです。

だからこそ儒教では、女の貞操をやかましく言いました。父親が安心して、

「この子は、俺の子だ」

と思うには、妻に「夫としか、しない」という感覚を植え付けなくてはならなかったのです。

日本を殿様達が支配する時代から始まり、殿様はいなくなっても殿さまキングスがいた昭和に至るまで、女性の貞操観念が重視される時代は、長く続きました。「なみだの操」は、日本女性の貞操観念がもはや風前の灯《ともしび》となった時代であったからこそヒットした歌なのかもしれませんが、それでもまだ、貞節は重要という感覚は、かろうじて残っていたのです。

「妻は、夫としか『して』はいけない」という考え方は、血統の保持という本来の目的以外の部分にも、影響を及ぼしています。本家中国では、考え方がエスカレートして「夫が死んだら妻も死ぬ」とか、「夫が先に死んでも、妻は死ぬまで再婚しない」といった行為も「貞節」の範疇《はんちゅう》に入るようになり、貞節を守った婦人達は、顕彰され

たりしたのだそう。

前漢の時代、立派な女性の逸話を集めた『列女伝』には、「貞順伝」という章がありますが、そこに理想的な節婦、すなわち貞節を守った女性の話が収められています。婚礼の日、新婦が相手の家の門まで来ると、新郎の死が告げられた。しかし彼女は実家に帰らず、夫の喪に三年服し、夫になるはずだった人の弟から求婚されても断った、とか。またある女性は、若くして寡婦《かふ》となり、その美貌《びぼう》の評判を聞いた王様からも求婚されたのだけれど、貞節を守るために刀で自らの鼻を削《そ》いで拒否した、とか。

貞節のためにクソ意地を発揮する女性達の姿がそこには描かれるのですが、貞節観念を守る女性のみならず、儒教的な理想を追い求める人には、「無理をしている自分」に陶酔する傾向が見られます。日本の武士達もしばしば、忠とか義とかのために腹を切ったりしていますが、そこにもやはり、陶酔感が漂う。今見るといかがなものかと思える儒教的感覚が長く守られてきたのは、自己犠牲によって発生するうっとり成分が、麻薬のような役割を果たしたからではないでしょうか。

「貞節を守れ」という強制は、女性の性欲を水面下に潜らせたようにも思います。女は、夫以外と「したい」などと思うはずがない。女は、子作り以外で「したい」と思うはずがない。……という圧力によって、女性達は、

「私も、セックスしたいです」

という事実を、表に出すことができなくなったのではないか。

『礼記《らいき》』には「寡婦は夜哭《こく》せず」という文があるそうですが、それは寡婦が夜に泣いていると、夫との夜の「行為」を思って泣くと思われるから。夫が死んだら、女は昼に泣かなくてはならなかったらしい。

本当は中国の男性達も、女に性欲があることを知っていたはずです。しかし彼等は、それが露《あら》わになることを恐れていた。その恐怖感が、徹底的に女性の欲求を抑えるという方向に向かわせたのです。

儒教においては「男尊女卑」が男女のあるべき姿であったわけですが、そのベースにあるのは「陰陽」の思想。勾玉《まがたま》を二つ組み合わせて円にしたような（八〇年代サーファーブームを知る人にとっては、サーフブランド「タウン&カントリー」のロゴとしてもお馴染み）太極図で示されるように、天と地、男と女などが、陰と陽とで示されたそうな。

陰がなければ陽はなく、陽がなければ陰はない。互いの調和が重要。……といった陰陽の関係なのですが、両者の力は同じというわけでなく、陰の方が強いのだそう。まともに戦ったなら、必ず陰が勝って陽が負けてしまうとされていました。

男女の関係で言うと、陰が女で、陽が男。陰である女の方が本来的に強いからこそ、両者の調和を保つためにできたのが、男尊女卑思想なのです。すなわち、強い女を抑え込むことによってようやく、男女の力は平均化する、と。

このことを知って私は、膝《ひざ》を打つような気持ちになりました。太古の昔から、中国の人は「女を野放しにしたら、男の立場は無い」と、知っていた。だからこそ陰陽思想をもって、女が暴発しないようにしていたのです。

その思想は日本にも伝播《でんぱ》します。日本女性もまた、自らの欲望を全開にしてはいけないという感覚を叩《たた》き込まれるようになったのであり、その影響は現在までも及んでいるのでした。

「女大学」で処女は守れるか？

ルイス・フロイスは、織田信長《おだのぶなが》に謁見《えっけん》して日本での布教を許された、イエズス会のポルトガル人宣教師です。豊臣秀吉《とよとみひでよし》によって伴天連《バテレン》追放令が出された後、慶長二年（一五九七）に長崎に没した彼は、日本に関する著作をいくつか残しているのでした。

そのうちの一つ『ヨーロッパ文化と日本文化』（岡田章雄訳注）には、当時の日本女性の貞操観念についての記述を見ることができます。それは、

「ヨーロッパでは未婚の女性の最高の栄誉と貴さは、貞操であり、またその純潔が犯されない貞潔さである。日本の女性は処女の純潔を少しも重んじない。それを欠いても、名誉も失わなければ、結婚もできる」

というもの。

この文章は、第二章「女性とその風貌、風習について」の冒頭に、位置しています。日本女性が処女性を軽んじていることにフロイスがいたく驚いたからこそ、冒頭に書

かずにはいられなかったのでしょう。

フロイスがこの書を著したのは、天正十三年（一五八五）のこと。秀吉が関白となった頃です。結婚前も気軽にセックスし、また処女ではなくても結婚の障害にはならないという当時の状況は、今の日本女性と同じ。対してヨーロッパのキリスト教国においては、結婚まで純潔を守ることが大切だった模様です。

ヨーロッパの中世の文献には、容認可能な女性の地位は三つで、それは「処女」「未亡人」「妻」であるとされていたそうです（『処女の文化史』アンケ・ベルナウ、夏目幸子訳）。そのうち最も地位が高いのは処女で、最下位が妻。「結婚は性衝動に抵抗できるほど『強くない人間を救うための、病人のベッド』のようなものであるべき」と考えられていたのだ、と。キリスト教国において、処女性は聖なるものだったのです。

そのような国から来た聖職者であったからこそフロイスは、日本女性の性に対するおおらかな感覚に驚いたのでしょう。「純潔に何ら価値を置かないこの野蛮な人々を救ってやらねば」とも、思ったかもしれません。

色々な意味で女性の欲望の表出が目立った時代が終わり、封建的な時代となると、性に対する女性の感覚も萎縮《いしゅく》したのではないかという気がするのですが、フロイスが日本にいた時代、女性達は案外「お盛ん」でした。フロイスが言及したのは庶民の女性達についてであったかもしれませんが、少なくとも性を自由に楽しむ女性達は、当時の日本に存在していた。

ではフロイスの死後、徳川《とくがわ》期となって日本で儒学が盛んになれば、日本女性は儒学の教えによって、純潔を重んじるようになったのか。……としてみますと、必ずしもそうではなかった気がしてなりません。

純潔や貞操を重んじる気風を徹底させたいという願望は、あったようです。女性に対して儒教的な考え方を教えるべく記された、いわゆる「女大学《おんなだいがく》」的な書物は、早いものでは一七世紀半ばから記されていたのです。

この手の書物で、比較的早い時期に有名になったものとしては、貝原益軒《かいばらえきけん》の「女子を教ゆる法」（宝永七年、一七一〇）があります。それは、『和俗童子訓』の一部。封建社会の中で、「家」の構成要員としての女性はどうあるべきかを説く内容となっています。

男女平等という観点は存在しない、この時代。「男と女は違う生き物である」ということを徹底して知らしめるために、この本は記されています。男に仕え、従うことが女の「道」。男尊女卑業界では有名な、中国の古典に記される「三従《さんじゅう》」「七去《しちきょ》」についても、きっちりと書かれているのでした。

若い時は父親、結婚したら夫、夫の死後は子、……と、とにかく女はいつでも男に「従って」おけ、という教えが「三従」。そして七去は、「こんな嫁は駄目だ」的な七条件であり、「子なきは（婚家を）去る」とか「多言なれば去る」といったものとなっています。

七去のうち「子なきは去る」というものについては、それは天命なのだから「婦のとがにあらず」と、益軒も理解を示しています。一方、「淫《いん》なれば去る」については、全面的に賛成しているのでした。

夫ではない男と心を通わしたりするのが、淫乱な女。女は他の部分がどれほど立派でも、「淫」であったら全《すべ》てが台無しなのであり、そんな女は家を去るのが当然である、と。妻が「淫」だと、生まれた子供の父親があやふやになるからこそ、それは譲ることができない条件だったのでしょう。

もし、他の部分で全て文句のつけようのない男性が淫乱であっても、家を去れとは言われないわけですが、女性の場合はダメ。と言うよりそもそも、「淫乱」は男性には使用されない言葉です。性的にお盛んという性質は、男性にとっては「元気」とか「甲《か》斐性《いしょう》がある」といった感覚で捉《とら》えられても、女性の場合は「淫」で「乱」。

父系の血を確実に子供に伝えなくてはならないということから、女性に対する貞潔の要請は始まっています。しかしこの手の書物において、「女が貞潔であらねばならない理由」としての血の問題は、全く説明されていません。とにかく、女は性に対する興味や欲求を持ってはいけない。駄目なものは駄目、という理論なのです。

　この説明の仕方は、その後の女性のあり方に大きな影響を与えていると私は思います。男性と同様、女性にも性欲があるし、「色々な人と『して』みたい」という好奇心も持っていることは、今や明白です。が、この時期に、

「駄目なものは駄目なのだ」

と、男が女に説いたことによって、日本女性には「女が性に対する欲求や興味を持つのは、いけないこと。もし持っていたなら、隠さなくてはならないこと」という感覚が、深く植え付けられたのではないか。そしてその感覚は、今を生きる女性の中からも、完全には消えていません。

「女子を教ゆる法」には、「嫉妬《しっと》するな」という教えも記されています。夫が淫行（この淫行とは、今のように年若い女性としてしまうことを示すのではなく、婚外セックスくらいの意味）をはたらいても嫉妬はせず、静かに諫《いさ》めるように、とあるのでした。やはり女の淫乱は家から去らなくてはならないほどの重罪でも、男のそれは、

そっと諫められる程度の「おいた」。

益軒は、女がなぜ「淫」ではいけないのかという説明については手を抜きましたが、女が「淫」に染まらないためにはどうしたらいいかについては、熱心に考えています。まずは、幼い頃から『孝経』『論語』といった儒教の古典を読んで「孝・順・貞・潔の道をおしゆべし」とあります。十歳からは外には出さず、縫い物とか織物とかをみっちり仕込みましょう、とも。

細かいことにも、気を配ります。小《こ》唄《うた》や浄瑠璃《じょうるり》といった「淫声」を好きになってしまったら「心をそこなう」から、女は家の中にずっといなくてはならない。「淫声」「淫楽」に接しないようにするためには、四十歳以下の女は、神社仏閣など、人が多く集まる場所には行くな、とも。

女性にも教養は必要だという感覚は、あるのです。しかし、ただ古典を読めばいいというものではありません。伊勢物語や源氏物語といった「淫俗の事をしるせるふみ」は、若いうちから読ませるものではない。和歌についても、万葉集や古今和歌集の相聞歌《そうもんか》などは、益軒の感覚では「淫思」に溢《あふ》れた歌だから読ませるな、と。

源氏物語は言わずと知れた、エロ文学の大著です。「昔、男……」で始まる章によって構成される伊勢物語も、その「男」は光源氏と同等もしくはそれ以上のモテっぷり。益軒が禁じるのも、無理はありません。

伊勢物語の「男」は、伊勢に行った時、斎宮とも「して」いるのでした。それも、初めて会ってから二日目の晩に、斎宮が自分から「男」の閨《ねや》に忍んで行くという、処女らしからぬ積極性を発揮しています。

以前も触れた『小柴垣草子』では、斎宮と武士が屋外で性交に至っていますが、それは春画向けの演出でしょう。伊勢物語における男と斎宮は、常識に則《のっと》って、屋内で事に至った様子です。

万葉そして平安の時代、女性達は文学的才能を花開かせていたと同時に、性の自由も愉《たの》しんでいました。しかし儒学者にとって、そのような性風俗は野蛮極まりないわけで、だからこそ「淫俗の書を今の女性に読ませてはならじ」と、思ったのです。

女に「淫」な気持ちを持たせないための対策は、まだ記されています。若い頃は、相手が誰であろうと、若い男性と打ち解けて話したりしてはいけない。どんな用事があろうとも、若い男と手紙をやり取りするのも駄目……。女の中には淫乱の種子が確実に存在していることを益軒が知っていたからこそ、それが発芽しないようにと、あらゆる刺激を断とうとしていたものと思われます。

「女子を教ゆる法」から数年後には、『女大学宝箱』が、刊行されました。内容は益軒の書の簡略版であり、仮名混じりで記され、挿画も豊富でわかりやすいこの書は、ヒットしたようです。『宝箱』は、その後も百年以上、脈々と出版され続けた〃女大学もの〃のベースとなっているのでした。

しかし女大学ものを読んでいますと、「果たしてこの手の教えは、効果があったのだろうか」という疑問が、湧いてくるのでした。私達がイメージする江戸時代は、町人文化が花盛り。芝居小屋にも神社仏閣にも、老若《ろうにゃく》を問わず女性達が参集していたのではないか。益軒達がいくら禁じても、女子達は淫声・淫楽にまみれていたと思われるのです。武家の女性達は自らを律していたかもしれませんが、庶民のセックス事情は、フロイスの時代とそう変わっていなかった気がしてなりません。

江戸時代の女子達も愉しんでいた物語の数々を、私達は今も、歌舞伎《かぶき》や文楽の舞台で見ることができます。江戸の女子達が好んだのは、男の義理人情がどうのこうのという時代物よりも、益軒的な人達がいかにも眉をひそめそうな、世話物《せわもの》の方ではないか。

世話物は、江戸時代における町人達の風俗を描いた、当時における現代劇です。実際にあった色恋沙汰《ざた》をベースにしたお話も多く、ワイドショー的な役割も、果たしていたものと思われる。

その手のお話に出てくる女性達を見ていると、貞潔を念頭に置いて色恋を我慢しているとは、とても言えません。処女であっても、時には男性よりも積極的だったり、奔放だったりすることがしばしばなのです。

たとえば、「桂川連理柵《かつらがわれんりのしがらみ》」。これはお半《はん》という少女と、長右衛門《ちょうえもん》という大人の男が心中に至る、実話を脚色した物語です。

元々二人は、家がお隣さん同士という間柄。帯屋の長右衛門が出張へ行った帰りがけに、伊勢参りへ行っていたお半と、たまたま同じ宿に泊まることとなりました。

お半のお供でついて来ていた丁稚《でっち》は、かねてお半に懸想《けそう》をしており、その晩、お半に手を出そうとします。お半はそこから逃れて、「お隣のおじさん」の部屋へ入り、おじさんの布団《ふとん》に隠れると、二人はそこで「して」しまうのです。その時お半、十四歳。おそらく処女であったことでしょう。

もちろんこの行為において悪いのは、年端もゆかぬ少女に手を出してしまった、長右衛門です。しかし、お半の方に「その気」はなかったのか。丁稚からは逃げて、お隣のおじさんとは「して」しまうというのは、これいかに。お半の側にも、「長右衛門となら、してもいい」という、一種の積極性があった気がしてなりません。

長右衛門は既婚者でしたが、お半は妊娠。にっちもさっちもいかなくなって、二人は心中してしまうのです。

はたまた、「八百屋《やおや》お七《しち》」として有名な、お七。惚《ほ》れた男にまた会いたいと放火してしまうお七の物語も、実話がベースです。井原西鶴《いはらさいかく》もその話に刺激され、「好色五人女」の中に、十六歳のお七を登場させているのでした。

お半もお七も、町人の娘だから早熟なんじゃないの、という見方もありましょう。確かに、マチに生きる娘は、世俗の波にさらされがちです。しかし歌舞伎や文楽を見ていますと、育ちの良い娘さん達もまた、性に躊躇《ちゅうちょ》がありません。

例えば、「生写朝顔話《しょううつしあさがおばなし》」の、深雪《みゆき》。安芸《あき》の岸戸《きしど》家家老の娘というお嬢様である彼女は、宇治川に蛍《ほたる》狩りに行った折、山口の大内《おおうち》家の家臣である宮城《みやぎ》阿曾次郎《あそじろう》と出会うのでした。すると二人はすぐに恋におち、「して」しまうではありませんか。おそらくは処女の深雪は、世間知らずのお姫様だからこそ恋にまっしぐらとなるけれど、二人の運命の歯車はなかなか嚙《か》み合わない……。

また、「桜姫東文章《さくらひめあずまぶんしょう》」の主人公である桜姫は、さる公家《くげ》のお姫様。処女です。

彼女はある晩、忍び込んで来た盗賊に犯されてしまいます。それは本人の責任ではありませんが、そこで彼女は、性に目覚めるのでした。自分を犯した男のことが忘れられなくなって、ちらりと見えた男の刺青《いれずみ》と同じものを、自分も入れてしまう。その時に妊娠した子供も密《ひそ》かに出産し、あげくの果てに遊女に身を落とす……。

このように、育ちの良い女性達も奔放に性に耽溺《たんでき》しているのですが、そんな中でも処女モノとして私が忘れられないのは、「夕立《ゆうだち》」という舞踊です。頻繁に上演される演目ではありませんが、初めて「夕立」を観《み》た時、あまりのエロさに愕然《がくぜん》としたことを覚えています。

舞台は、洲崎《すさき》の土手。武家の奥女中・滝川《たきがわ》を乗せた駕籠《かご》がやってくるのですが、そこに激しい夕立が降り、雷鳴が轟《とどろ》くと、伴の者は驚いて逃げ出してしまいます。

そこにやって来たのは、お供の一人である、中間《ちゅうげん》の小猿七之助《こざるしちのすけ》。かねて滝川に惚れていた七之助は、雷に驚いて気絶した滝川を介抱するフリをして帯を解き、二人は「して」しまうではありませんか。

奥女中は、中間よりずっと上の立場。中間が手を出すことができる相手ではありません。だというのに二人は事に至り、その直後から滝川は、七之助に惚れている。

それは、滝川が処女であった事と無関係ではないでしょう。外部との接触が少ない環境で生きる処女だからこそ、突然の初体験の相手に、夢中になってしまった。「雨中の強姦」という出来事をダンス仕立ての一幕にしてしまう歌舞伎のアバンギャルドさに驚きつつ、私は処女のエロティシズムにも感じ入ったのです。

もちろん、このような出来事がしょっちゅう発生していたわけではないでしょう。戯作者《げさくしゃ》達は男性であり、男性の立場から見た時に「こんな事があったらグッとくるだろうな」とか「この事件はエロいな」という話が、芝居となった。

しかしこういった演目を好んでいたのは、男だけではありませんでした。女達もまた、男と「した」途端にその男に惚れる処女が出てくる芝居を見て、「わかるわかる」とか「私があの立場だったら」などと思い、ぽうっとしていたのではないか。

そのような心こそ、まさに貝原益軒のような人達が心配している、「淫思」。儒教を日本に取り入れようとする中、

「出会い頭に誰かとしちゃったら……」

などと妄想して瞳《ひとみ》を潤《うる》ませる娘達を見たならば、その後もせっせと「女大学」的な書物を書き続けたくなるのも、わかるような気がするのでした。

肉交あって情交無き時代

女性向けの教訓書として「女大学」の類《たぐい》が世に出ていた、江戸時代。それは、男女は七歳にして席を同じゅうせずとか、貞女は二夫に見《まみ》えずといった、儒教的な教えを女性に知らしめるための書でありました。

その手の教えを女性達が遵守《じゅんしゅ》していたかどうかには疑問が残るとして、女性を取り巻く事情は、明治に入ると激変します。文明開化によって、日本人にとって目新しい、「自由」「男女平等」といった欧米の考え方が流入してきたのであり、当時の人々は、「そんなことを急に言われても」と、混乱したものと思われます。

新しい世になっても、「女大学」的な書は、出版され続けていました。文明開化の雰囲気の中で、女大学の著者達もまた「新しい時代を理解しているっぽい雰囲気を出さなくては」と、思ったのでしょう。例えば明治七年（一八七四）刊の『女訓《じょくん》』では、しょっぱなから「女子の自主自由の権」について記すのです。

が、そこに示される女子にとっての「自主自由」とは、他家に嫁ぎ、舅姑《しゅうとしゅうとめ》に仕えて家政を担《にな》うこと。女の本分は、男に仕え、使役《しえき》されることなのだ、という考え方は変わりません。ソップ（スープ）の作り方などが書いてあるところは文明開化の時代風なのですが、「夫以外の男と同席して会話などするな」等、意識は江戸時代と同じです。

明治九年（一八七六）刊の『文明論女大学』となると、タイトルからして様子が違っています。この書においては、貝原益軒的な感覚に異を唱えることによって、「今風の教え」感が、より強く押し出されるのです。

たとえば、「婦人は別に主君なし。夫を主人と思い、敬い慎んで事《つか》うべし」といった旧来の女大学的教えに対しては、「男女は同権、夫婦は一体」なのだからナンセンス、と。婦人もまた「男子と同じく日本帝国の人民の権利を有するもの」なのだ、としています。「女性も人である」という意識が、ここにきて日本に登場しました。

とはいえ『文明論女大学』も、儒教ベースの教えから出ることはありません。また、女性の権利が、性の方面にも及んでいたかというと、やはりそうではない。明治期の女大学ものにおいても、「貞操」は女にとって最も大切なもの、と強調され続けるのでした。

女性の性に対する欲求を覚醒《かくせい》させたくないという意識も、江戸期と変わらず強いようです。『文明論女大学』でも、歌舞伎や小唄、浄瑠璃などは皆、「淫褻鄙野《いんせつひや》」。人に「淫行を伝授する」ものだから、見るべきではないし、役者のファンになるなどもってのほか、とされるのでした。

娯楽が少なかった時代、歌舞伎等の芸能が人にもたらす情動は、それだけ激しいものだったのでしょう。歌舞伎が「世界に誇る伝統芸能」となり、お金持ちの奥様方が高価な着物姿で観に行ったり、若いお嬢さん達が「歌舞伎役者の妻になって、ロビーで挨拶《あいさつ》」といった自分を夢見たりするようになるとは、当時は考えられなかったのではないか。

このように「自由」「男女平等」といった思想が入ってきたからといって、途端に自由になったわけではない、日本女性。むしろ日本男児達は、日本の女性達が自由に感情や欲求を羽ばたかせたり、男性に反抗したりすることを恐れたものと思われます。明治になっても「女大学」的書物が刊行され続けたのは、その恐れのせいだったのでしょう。

そんな中で、「女大学」的教えに対してはっきりと異議を唱えたのが、晩年の福沢《ふくざわ》諭吉《ゆきち》でした。明治三十二年（一八九九）に刊行された『女大学評論・新女大学』では、旧来の「女大学」を厳しく批判。それは、単に男が女を思い通りに扱うための書に他ならない、といったことを記しています。

諭吉の考え方は現代の感覚に通じるものですが、性に関する部分を見てみると、女の性欲を積極的に認める意識は、当然と言えば当然ながら、まだありません。それよりも諭吉は、「男がその品行を直せ」という感覚を持っていました。

例えば、妾《めかけ》を持ったり、花柳《かりゅう》の世界で遊んだりする父親がいたならば、その子供にとっては「婬猥《いんわい》不潔の手本」が家の中にいるようなものなのだから、いくら儒教的な教えを説いても無駄であろう、と。

また、「七去」の中には「淫なれば去る」というものがありますが、諭吉は「男と女と、どちらが淫乱なのか。女だけが、淫乱だと離縁されるというのはおかしかろう」という考え方。歌舞伎等、「淫《うか》れたる事を見聴きす可《べ》からず」という旧来の教えも、女性の行動を制限することによって、男性に「無遠慮に淫るるの自由」を与えているに過ぎない、としています。

そんな諭吉も注意を喚起するのは、「古文古歌の故事」。百人一首なども、言葉は優美でも「婬風に逸するもの」は多いのだから注意せよ、とあるのでした。男女平等を徹底しようとする諭吉も、女が性欲に目覚めることには、恐れを抱いていたのです。

女性達も女性向けＡＶ等を鑑賞し、アダルトグッズを購入する今の時代の「自由」を、諭吉は一万円札の中からどう見ているのか……。

とはいえ諭吉は、日本における女性と男性の関係性を変えたいと、真剣に考えていました。「男女の別」というものを徹底したとて、互いに幸福にはならない。必要なのは「男女交際」である、と思っていたのです。

男女交際と言っても、好意を抱き合う男女が一対一で付き合う、という意味ではありません。明治時代の男女交際とは、異性と親しく会話を交わしたりする、程度の意味。

そういった意味での「男女交際」は、今や日常的行為になっているので、「交際」とは言いません。学校でも職場でも、男女が会話を交わさなかったら、様々な物事は停滞してしまうことでしょう。

しかし当時は、家族でもない男女が会話を交わす機会は、滅多なことではありませんでした。旧来の「女大学」ものでは、家族以外の男性と会話したり、手紙をやりとりしたりするだけで淫乱扱いですし、第一、男女共学というシステムも認められていなかったのです。小学校に入学しても、その教室は男女別。まさに、七歳にして席を同じくしなかったわけで、長じて後も、自然な交際は生まれにくかったことでしょう。

今でも日本には、「男は男同士、女は女同士でいた方がラク」という感覚があります。気がつけば男しか／女しかいない空間が多々あるわけで、「男女が共にいるのは、本来不自然なこと」という感覚は、今も残り続けているのです。

「男と女も、コミュニケーションを持ちましょう」という主張は、明治期においては斬新《ざんしん》なものでした。諭吉の「新女大学」には、「男女交際法の尚《な》お未熟なる時代には、両性の間、単に肉交あるを知《しっ》て情交あるを知らず」とあります。

「情交」というと、今はセックスありの交際、もしくはセックスそのものを指す言葉となっていますが、当時は「セックス無しの精神的な交際」といった意味で使用されていました。つまり「男女交際の仕方がまだ未熟だった時代は、男女の関係はセックスのみで、精神的な結びつきは存在しなかった」ということでしょう。男女は子供の頃からはっきり分けられていたため、大人になってからも「するか、しないか」という肉交の関係しかなく、「しない」相手と精神的に通じ合うという発想はなかったのだ、と。

諭吉は過去のこととして書いていますが、この文章を書いた当時も、事情はさほど変わっていなかったように思います。今ですら男女がうまく「交際」することができない我が国。明治になって三十年余で、「男女交際法」が急激に発達したとは思えません。

「若い頃は、夫の親類であろうと友達であろうと召使いであろうと、とにかく若い男には近づくな。話もするな。どんな用事があっても、手紙も出すな」という旧来の教えに対しても、諭吉は「女大学評論」において、批判を加えています。あらぬ嫌疑をかけられないようにとこのような教えがあるのだろうが、「婦人の心高尚ならんには形式上の嫌疑は恐るるに足らず」と。田舎っぽい外面を装《よそお》うよりも、婦人の思想を高いところへ導くことによって、「男女打交《うちまじ》りて遊戯談笑自由自在の間にも、疑わしき事実の行われざるを願う」と、諭吉は記したのです。

すなわち当時は、男女が共に遊んだりおしゃべりしたならば、「疑わしき事実」が行われるもの、と思われたということ。男女が親しく話していただけで、

「あの二人は、『してる』」

と思われ、その原因は女の精神レベルが低いからだ、とされたのです。

婦人の精神が高尚であればそのような嫌疑はかからずに済む、と諭吉が思っていたということは、当時の女性の側も、実は「やる気まんまん」だったことを示します。男女の別をしっかりつけられた結果、そのままおぼこく育つ女性もいたでしょうが、

「隙《すき》あらば『して』やる」と意気込んでいた女性も少なくなかったから、諭吉は「婦

人の思想を高いところに」と思ったのではないか。

「肉交あって情交なし」とは、男性だけの感覚ではなかったのでしょう。歌舞伎や浄瑠璃に登場するような性に奔放な女性は、確実に存在していたのです。

「するか、しないか」の関係だけでなく、男女はもっと精神的に「交際」するべきだ。……という意見は、「新女大学」以前から語られていました。それは、初期の女性誌を見ても、理解することができます。明治十七年（一八八四）に創刊された「女学新誌」から発展した「女学雑誌」は、明治期を代表する女性啓蒙《けいもう》雑誌ですが、その中でも男女交際に関する記事は、数多く掲載されていました。「女大学」的な書物に代わり、この頃からは女性誌という新しいメディアが、女性達を導こうとするようになったのです。

「女学雑誌」の記事の中に「男女交際論盛んなる当今」といった書き方があるのを見ると、「男女交際」は明治時代、一つのブームだった模様。しかし当時の人々は、男女交際とやらをどう取り扱っていいのか、相当困惑していたようなのです。

たとえば、明治十九年（一八八六）に出た第三十三号の社説では、

「嗚呼《ああ》日本の父兄よ汝《なんじ》が子女は今日の道徳を以《もっ》て能く欧米人の如《ごと》く男女の交際を自由に為《な》すことを得るや」

と、憂慮している。その翌年に出た第四十七号には、欧風の男女交際を東洋の日本に持ち込むのであれば、

「道徳の基礎を堅固にし道徳心を男女の脳頭に注入し文明の光輝に汚点を附けざる様勉《つと》む可《べ》き」

とあるのでした。日本人の道徳レベルで男女交際を始めたならばどれほど乱脈な結果になることか、という不安がそこには渦巻いています。

そういった不安は、文明開化によって一部の人々の浮かれぶりが表面化したからこそ、浮上したものでした。例えば同年の第六十五号では、「姦淫《かんいん》の空気」と題した社説が。「交際社会」（社交界的な意）に属する「上流の紳士貴婦人」達は「舞踏に西洋の開化を倣《なら》い宴会に文明の模様を写さるる」という生活をしているが、そんな人々からは「姦淫の空気」が漂ってきている。しかし上流の人々こそ、「清潔の徳を示して」、「姦悪なる社会」を清くしていくべきなのではないか、と。それまで男女分かれて生きてきた日本人が、突然舞踏会で異性と向き合って踊ったりしたならば、いくら上流階級の人とはいえ、「姦淫の空気」に包まれるのも、当然のことだったのでしょう。

男女交際という劇薬を、どう扱ったらよいのか。……という混乱の中、明治二十一年（一八八八）の第百十二号から、「女学雑誌」では七回にわたって「男女交際論」

が繰り広げられました。

曰《いわ》く、男女交際のあり方は激変を続けている。昔であれば、若い娘さんの顔を見ることができるのは盆と正月くらいのものであったけれど、今では学校の行き帰りに見ることができるようになった。しかし、上《うえ》つ方《かた》の鹿鳴館《ろくめいかん》から下々まで、制限なしに「男女交際」していいものなのか。……と疑問を呈した後、「女学雑誌」は、

「踏舞交際の如き開化めきたる事柄には一切反対なり」

と、きっぱり。男女交際自体は、良いことである。しかし男女が相対して踊ることが交際ではなかろうよ、ということです。

男女交際論においては、諭吉も取り上げた肉交と情交についても、記されました。「肉交」と「情交」は、そもそもとある新聞記者が、「日本の男女には肉交はあるが情交がない」と書いたことをきっかけとして流行《はや》った言葉のようで、そこから「もっと情交を！」という論が広まっていきます。

「女学雑誌」では、まず「肉交」という言葉に対して、異議を唱えています。セックスは、夫婦の間においてのみ行われるべきもの。それは「天の結び合せ」であって、法律に許され、皆の前で正々堂々と結婚の誓いを立てた者のみに許される行為である。だというのに「肉交」だなどと、交際術の一種であるかのように言うのは間違ってい

る、と。

「女学雑誌」の執筆者は、セックスを罪悪視するところがあるようです。「肉交」「情交」を流行らせた新聞記者は、「肉交の快楽は、人間の快楽の中でも実に重いもの。肉交も情交も、同じくらい大切なものではないか」と書いたようなのですが、「女学雑誌」ではこれに反論。「肉交は、情交と比べるようなものではない。甚《はなは》だ卑《いや》しくて、飽きやすいものなのだ」と記します。男女間に情交が行われていないから、今の世は姦淫の空気が濃厚になってしまっている。情交を盛んにすれば、「肉交の奴隷《どれい》」は減るだろう、と。

　執筆者が理想とするのは、男女が肉交を一つの義務として捉え、仕方なく夫婦は身体の交わりを結ぶ、といったあり方です。子孫を残すための行為としてセックスを捉えるべきで、それは断じて「交際」ではない。セックスが交際になってしまったら、夫婦でない男女がセックスをしたりして、世がどれほど乱れることか、と嘆くのでした。

　となると当然ながら、結婚前の男女がセックスをするなどもってのほか、ということ。男女は、法と人とに認められて夫婦になってから初めてセックスするべき。そのセックスが、子孫を残すために「仕方なく」するものなのであれば、結婚前の男女が

「する」など、許されることではありません。

「女学雑誌」がこのような論調になったのは、雑誌の成り立ちと無関係ではありません。「女学新誌」を立ち上げた初代編集長が若くして亡《な》くなった後に雑誌を引き継いでカリスマ編集長となった巌本善治《いわもとよしはる》は、若き日に洗礼を受けたクリスチャン。また、クリスチャン達が設立し、明治期の女性教育界に大きな足跡を遺《のこ》した明治女学校の校長をも務めた人物です。

「女学雑誌」自体は、キリスト教布教のための雑誌ではありませんが、巌本の思想は強くここに現れています。だからこそ、キリスト教におけるセックスに対する考え方が、男女交際論にも影響しているのではないか。

キリスト教は、処女にまつわる考え方においても、日本に新たな感覚をもたらしたようです。文明開化は、日本人の処女意識に、どのような変化をもたらしたのでしょうか……？

クリスチャンが愛した「純潔」

明治二十年（一八八七）に発表された二葉《ふたば》亭《てい》四迷《しめい》『浮雲』で、主人公の内海《うつみ》文三《ぶんぞう》は、その想《おも》い人であるお勢《せい》と、「男女交際の得失」などについて、論じ合っています。明治の人々にとって「男女交際」は、ホットな話題。新しい思想の持ち主と自負するお勢は、文三と二人きりで話すことも平気なのです。

そんなお勢さんも愛読していた「女学雑誌」は、進歩的な女性達に支持された、当時随一のイケてる女性誌でした。その雑誌で明治二十一年（一八八八）に繰り広げられた「男女交際論」において、肉交が激しく非難されていることは、前章でも記した通り。肉欲の奴隷となるのは「放蕩《ほうとう》男子と下等女子」。肉交は正式な夫婦になってから初めて行うものであって、夫婦であっても、子孫を残すために「仕方なく」肉交をするべきだ、という感覚は、キリスト教的です。

「男女七歳にして」といった女大学的な方針に従っていたら、男女の間に精神的な交わりが生じず、肉交だけの関係になってしまう。日本に姦淫の空気が満ちているのはそのせいであって、もし男女が親しく話などすれば、「心中の鬱気《うつき》は乍《たち》まち洗が如くに散ずるものなり」とのこと。のみならず、

「若《も》し情交自由ならば、天下の姦淫淫乱は確かに其《そ》の三分の二を減ずべし」

ともあります。

「三分の二」という数値に、根拠は無いのでしょう。が、「日本の男女は、親しく話すことすら許されていないから、いきなり『して』しまうのだ。男女が接し慣れれば、ムラムラする気持ちも暴発しないようになるだろう」という気持ちは、理解できます。私も長い女子校時代、男子と「友達になる」などということは考えず、とにかく「モテたい！　交際したい！」と、つまりは肉交を求めてゼイゼイしていたものでした。

「女学雑誌」はまた、男女が交際をすれば、男は男らしく、女は女らしくなることができる、とも説きます。今、「男らしさ」「女らしさ」はジェンダーの観点から下手に使用することができない言葉になっていますが、そのような考えが日本で広がってきたのは、ここ最近のこと。明治の時代において、「男は男らしく、女は女らしく」というのは当然の考えでした。意気地のない女のような男も、袴《はかま》姿で肩で風を切る男のような女も、男女交際をすれば「らしさ」を身につけることができる、ともあるので

す。

ほとんど万能薬のように扱われている情交、男女交際ですが、「女学雑誌」は「情交」を激奨するだけではありませんでした。「男女交際論」も終盤になると、交際に伴う危険が、解説されるのです。

曰く、日本の男女は、男女交際にまだ慣れていない。西洋人と同じように「二人同伴して外出逍遥《しょうよう》」したり、「無暗《むやみ》に握手」したり「無暗に接吻《せっぷん》」したり「娘女一人にて下宿し、少年一人にて此処《ここ》に来訪」したりしたら、大変なことになってしまう、と。西洋の人々は、宗教や世論、習慣やマナー等によって、男女交際をしても淫《みだ》らな方向へ行きにくいけれど、日本はその点、まだまだである。……ということで、

「男女交際は、天の使にして亦《また》悪魔なり」

と、それが諸刃《もろは》の剣《つるぎ》であることを示します。

この頃の独身男女が越えてはならない一線は、どうやら、「二人同伴して外出逍遥」くらいのところにあったようです。「男女交際論」が記された明治二十一年時点の日本では、「男女は親しくした方がよい。しかし一対一で何かすることはまかりならぬ」という風潮があったのです。

それから二十年もすると、事情は変わってきました。田山花袋《たやまかたい》『蒲団《ふとん》』は明治四十

年（一九〇七）の作品ですが、この中で小説家の竹中時雄《たけなかときお》は、当世の女学生について、「男と並んで歩くのをはにかむようなものは一人も無くなった」と思っています。この時、時雄は三十五歳前後。時雄の妻もまた、自分の娘時代は「男に見られるのすら恥かしくって恥かしくって為方《しかた》がなかったものですのに」と言っているので、夫と同様の感覚を持っていると言っていいでしょう。

「男女が二人で歩くのは如何《いかが》なものか」という感覚を持つ時雄夫妻は、つまり「女学雑誌」で「男女交際論」が記された頃に思春期を過ごした世代です。そんな夫妻の前に登場したのが、若い女弟子・芳子《よしこ》でした。芳子は、

「男の友達と平気で夜歩いたりなんかする」

と大人の眉を顰《ひそ》めさせる、新世代のハイカラな女学生です。

　時雄は芳子にメロメロになるのですが、芳子には京都の同志社に通う恋人ができてしまいます。果たして芳子と恋人の間にあるのは、「神聖なる霊の恋」なのか、それとも「肉の恋」なのか。すなわち二人は「した」のか「していない」のか……。

　その問題を巡って時雄は悶々《もんもん》とするのですが、芳子がついに恋人と「した」ことを告白。すると彼女は、父によって故郷に連れ戻されてしまいます。

処女ではなかったのなら、何も今まで芳子の節操を尊ぶ必要はなかったな。自分も

「して」おけばよかった。……といった時雄の正直な心情が描かれるところが「自然主義」というものなのでしょう。それはいいとして明治の末、未婚女性がひとたび「した」ならば、途端に汚れた存在として見なされたことを、この小説は示します。男女が二人で歩くことは、大人から見れば問題行為であったけれど、若者としては「アリ」。しかし未婚女性が「して」しまうのは、依然大問題だったのです。
『蒲団』と同じく明治四十年に発表された『五足の靴』は、与謝野《よさの》鉄幹《てっかん》、北原白秋《きたはらはくしゅう》等五人の文学者が九州を巡った時の紀行文ですが、その中では九州の一地域について、

「風俗の淫靡《いんび》なことは有名なものだ」

　と記されています。なぜならば、

「良家の処女といえども他国から来た旅客が所望すれば欣々《きんきん》として枕席《ちんせき》に侍する、両親が進んでこれを奨励する。他国人と一度関係を結ばぬ女は縁附が遅いというほどだ」

　ということだから。

　当時、その地域にそのような風習があったか否《いな》かは、文化人類学的問題になりましょう。が、「有名」とまで書かれているということは、その手の感覚が一部ではあったのかもしれず、東京から来た文学者達には、それが「淫靡」極まりなく思えたので

す。

しかし平気で「する」未婚女性は、九州のみならず、日本の各地にいたのではないでしょうか。都会では文明が開化したかもしれませんが、各地方においては、性に対するおおらかな姿勢を、万葉の時代からずっと守り続けていた人々がいたのではないか。

『五足の靴』の人達が九州で驚いたのは、彼等が都会から来た文化人だったからなのだと私は思います。当時の東京では、キリスト教的な考え方が「進んでいる」と認知されていった時代。処女の価値もまた、キリスト教イメージと共にアップしていたのです。

江戸時代までは邪教とされていたキリスト教は、文明開化で西洋の文物が一挙に流入するにつれ、その存在感を変えていきます。貧しい人々に救済の手を差し伸べたり、またミッション系の女学校が、その西洋イメージによって中・上流層に好まれたこともあって、キリスト教のイメージは一気に好転。

キリスト教では、儒教とは異なる観点から、処女の純潔や、貞操を重視した夫婦のあり方を大切にしていました。マリア様を源とする清い処女イメージを大切にし、「愛」をベースにした一夫と一婦の関係性を持つことがキリスト教的、つまりは西洋風で進んでいる、という感覚が日本の、特に都会では流布《るふ》。もともとあった儒教的貞操感とも相まって、「一度でも『して』しまったら、未婚女性の価値は地に落ちる」という感覚が強まったようです。

時勢に敏感な都会の若者が処女を礼賛《らいさん》する様子は、北村透谷《きたむらとうこく》がよく表しています。透谷は明治元年（一八六八）に生まれ、明治二十年代に活躍したクリスチャンの詩人であり、「女学雑誌」の執筆者でもありました。彼が明治二十五年（一八九二）に「女学雑誌」に記したのは、その名も「処女の純潔を論ず」という一文。

「天地愛好すべき者多し、而《しか》して尤《もっと》も愛好すべきは処女の純潔なるかな」で始まり、「もし黄金、瑠璃《るり》、真珠を尊としとせば、処女の純潔《チャスチチイ》は人界に於《お》ける黄金、瑠璃、真珠なり。もし人生を汚濁《おじょく》穢《え》染《せん》の土《ど》とせば、処女の純潔は燈明《とうみょう》の暗牢《あんろう》に向うが如しと言わん、もし……（以下、延々と処女礼賛が続くので略）」とあります。二十五歳で自殺したこの繊細な詩人にとって、処女の純潔がどれほど眩《まぶ》しく見えたかが、ひしと伝わりましょう。

処女を愛するあまり、彼は「悲しくも我が文学の祖先は、処女の純潔を尊とむことを知らず」と、過去の日本文学をディスっています。近松《ちかまつ》等のことと思われる「徳川氏時代の戯作家」や、また「古《いにし》えの歌人」も、処女の純潔を大切にしていないと嘆息するのは、「女大学」ものの執筆者達と同じ姿勢。

しかし透谷が「女大学」ものの執筆者達と違うのは、恋愛については否定していないところです。というよりも彼は恋愛が大好きなので、同年「女学雑誌」に寄せた別の文章では、

「恋愛は人世の秘鑰《ひやく》なり、恋愛ありて後人世あり」

と、高らかに恋愛を称揚。まだ男女の会話にすら慣れていなかった明治時代の若者を、ポーッとさせました。恋愛は、素晴らしい。しかし処女の純潔は、犯すべからざるもの。この両方の感覚が、透谷の中にあったのです。

「処女の純潔を論ず」では、高尚な恋愛の源にあるのは純潔だ、とされています。純潔抜きの恋愛は、「浪《なみ》に浮かるる肉愛なり、何の価値なく、何の美観なし」とのこと。『蒲団』に登場する大人達にしてもそうですが、明治の人は、恋愛とセックスが両立するとは思っていなかったようです。恋愛中の二人が一たび「して」しまったなら、その恋愛は無価値になった。

透谷の頭には、聖母マリアのような処女像があったのでしょう。が、「処女の純潔を論ず」の中で彼が取り上げるのはマリア様ではなく、『南総里見八犬伝』の伏姫《ふせひめ》でした。

江戸時代までの日本で書かれた文学作品が、処女性を重視していないと憤慨する、透谷。しかし『南総里見八犬伝』の作者である滝沢馬琴《たきざわばきん》には、一目置いている様子です。

あれ、八犬伝の伏姫って、犬の子供を懐胎してしまうのではなかったっけ。処女云々《うんぬん》という前に、もっとおぞましい話では？　と一瞬思いますが、伏姫も実は、処女懐胎系の人なのでした。

諸般の事情で過去の因果が絡《から》み合い、八房《やつふさ》という犬と共に山中で新婚生活のような状態を余儀なくされた、里見家の伏姫。八房は伏姫の純潔を犯そうとしますが、伏姫は必死に読経《どきょう》でガードして、身体《からだ》を許しません。やがて八房の「気」によって、伏姫は何かを宿してしまうのですが、彼女は自分が八房と「して」いないことを知っていますから、自分の腹をかっさばいて、懐妊していないことを証明するのでした。

ではあの八犬士は？　というと、八房の思いの強さによって宿った「白気《はっき》」が腹を切った時に閃《ひらめ》き出て、八つ珠となって飛び散っていったもの……。

そんなわけで伏姫は、マリア様とはだいぶ事情が違う、処女懐胎者なのです。透谷は、そんな伏姫を、八房に誠心は与えたけれど肉体は与えていない、「不穢不犯、玲《れい》瓏《ろう》たるチャスチチイの処女」だと賛《たた》えます。この物語を輝かせているのは「伏姫の純潔」だ、と。何かとすぐ「して」しまいがちな日本文学上の女性達と比べれば、命と引き換えに純潔を証明してみせた伏姫は、透谷にとって玲瓏たる存在に思えたのでしょう。

透谷が自らも純潔を守る人であったかというと、そうではなかったようです。「余は実に数多《あまた》の婦人を苦しめて自ら以て快しとしたる者なり」といったことをも書いており、肉交に溺《おぼ》れた時もあった模様。

しかし彼はその後、クリスチャンの、とある処女に恋をします。処女礼賛の感慨に至ったのは、「し」まくっていた時期の後に聖なる処女と出会い、肉交抜きの神聖なる恋愛をしたからでもあったのです。

しかし当時の青年男女の気持ちになってみますと、透谷のような人から、

「恋愛はいいよ！」

と焚《た》きつけられつつ、

「でも、『し』ちゃだめ！」

と止められるのは、辛《つら》かったものと思います。いやしかし、「セックスありの恋愛」はあり得なかった時代の人々にとって、「しない」ことはさほどの痛痒《つうよう》ではなかったのか。

もちろん、恋愛を積極的にすることができるのは、北村透谷や『蒲団』における芳子のような、そちら方面に対する意識が鋭い男女ではあったのでしょう。芳子は神戸女学院を出たハイカラ女子であり、かつ小説家志望とあれば、情動面もお盛んだったはず。

このように明治の末、一部男女が恋愛という神聖であると同時に危険な行為に手を出す一方で、どうやって「席を同じ」にしたらいいのか戸惑う男女も、日本にはたくさんいました。明治四十四年（一九一一）刊行の『四十大家現代女性観』という本には、当時の教育者や文化人達が、女性に対する様々な意見を寄せています。そこで「男女の交際と恋愛」との文を書いた安部《あべ》磯雄《いそお》は、日本ではずっと男女は厳格に分けられ、男女交際は制限されていたのだから、急に自由に交際をしたなら弊害が生じる、と心配しています。そこで彼は「父母の監督の下に、青年男女の交際の道を開く」ことを推奨するのです。

男女の間に間違いが起こるのは、やはり二人だけでいる時なのであり、「父母の視線外で交際することは断じて是《これ》を廃止と云《い》うことに致したい」。家に青年男女を数人ずつ招き、親の監視下で談笑などするという、つまりは大人が管理するグループ交際をするのがいい、とします。

クリスチャンは日曜の教会で交際するのもいいだろう、ともありました。とはいえ教会での交際については、その弊害も指摘されていたのだそう。そういえば『蒲団』における芳子の恋人も、同志社で牧師を目指していた青年でした。処女を重んじるクリスチャンでも、「し」たくはなるのです。

クリスチャンである安部もまた、日本の男女が、異性を見るとすぐのぼせ上がるのは、男女交際をしなさすぎるからだと思っていました。異性に慣れれば、ちょっと親切にされただけで「盲目的の恋愛沙汰」に陥ることもなかろう、と。

一方、キリスト教色を帯びない教育者の三輪田《みわだ》元道《もとみち》（後に三輪田高等女学校校長）は同書で、男女が共に楽しむ機会としてはカルタ会が良い、と推奨しています。なぜカルタ会ごときに紙幅《しふく》を割《さ》いているのかというと、当時、カルタ会は男女の劣情をそそる場である、との意見が一部にあったせい。

恋歌の札を男女が取り合うなどしたら、肉感が刺激されてしまう、とその人達は本気で心配したようですが、対して三輪田は、「百人一首などは大昔の歌なのだから、今の若者はもう肉感など感じまいよ」という感覚。

しかしそんな三輪田もまた、カルタ会は親の監視下ですべき、と思っているのでした。百人一首すら、うぶな明治の男女にとっては危険な玩具《がんぐ》だったのです。

男女の交際がおずおずと進められながらも、まだ交際の手法は手探りだったこの時代。セックス抜きの男女交際に、この先の日本人は、いつまで耐えることができるのでしょうか。

与謝野晶子vs平塚らいてう

明治の終わり。女性が編集する女性文学のための雑誌「青鞜《せいとう》」が創刊されました。平塚《ひらつか》らいてうが中心となって刊行されたこの雑誌は、明治四十四年（一九一一）から大正五年（一九一六）までの短い刊行期間ではありましたが、女性の文学史のみならず、日本の女性史に大きな足跡を残しています。

当時の欧米では、女性の参政権獲得等、女権拡張運動が盛んになっていました。そんな中で登場した「new woman」という言葉が、日本でも「新しい女」として使用されるようになります。

らいてうは、「新しい女」を象徴する存在でした。彼女のカリスマ性が「青鞜」を引っ張り、また「新しい女」のイメージをも作り上げたのです。

そんな中、世間が気になって仕方がなかったのが、「らいてうは、『した』ことがあるか否か」という問題。すなわち、彼女が処女か非処女か、ということです。

らいてうの本名は、平塚明《はる》／明子。明治十九年（一八八六）に生まれています。父は旧紀州藩士の家に生まれ、その後官僚となった人。東京女子高等師範学校附属高等女学校（現在のお茶の水女子大附属高校）から、父親の反対を押し切り、三期生として日本女子大へと進んだらいてうは、当時としては特別に高い教育を受けた女性です。

らいてうは、極めて聡明《そうめい》、かつ行動的でした。お茶の水の高女でも日本女子大でも、その教育の質に不満を持ち、思想的煩悶《はんもん》の末、日本女子大在学中、禅道場に通うようになります。

女子大卒業後は、英語等を学びながら、生田長江《いくたちょうこう》が主宰していた閨秀《けいしゅう》文学会に参加。一方で参禅も続けていました。

らいてうの自伝には、参禅中の思わぬ出来事も記してあります。ある寺で一人で座禅をした晩、らいてうはその場にいた青年僧に「不意に、なんのためらいもなく接吻をしてしまった」のです。三昧《さんまい》の境地に入った浮遊感から思わず、という行為だったらしいのですが、これはらいてうにとって初めての接吻。

当然、燃え上がってしまった僧侶《そうりょ》から求婚までされるのですが、らいてうは「そんなつもりはない。あれは、『ありがとう』とか『さようなら』くらいの意味だった」と、独自の考えで突っぱねるのでした。

その後、らいてうは森田《もりた》草平《そうへい》とも、もやもやした関係になっています。二人で上野を歩く、つまりはデート的な行為をしている時、袴の裾《すそ》や手に接吻するばかりの森田に、「一体全体この人は？　……本気がない！」とイラついたらいてうは、

「本気でやってください。ウソはいやです。もっと本気になって！」

などと、猛然と迫っている。

この積極性に接して森田は、らいてうについて「もう処女ではないのかも」と思い、その二日後に待合《まちあい》へ。その時は行為に至らなかったのですが、森田の心は盛り上がっていました。当時流行っていたダンヌンツィオの「死の勝利」にならって、二人は共に死ぬべく、塩原へと向かいます。しかし雪山を登るうちに森田がへばってしまい、そうなるとらいてうは生きる気満々に。つい元気よく登りきってしまい、心中は未遂に終わるのでした。

この心中未遂事件は、大きなスキャンダルとなります。男と女が共に死のうと出奔《しゅっぽん》したならば、「あの二人は、『して』いる」と思うのが人の常。その上、森田草平は郷里に妻子を持っていましたから、二十二歳のらいてうは「妻子持ちの男と『した』未婚の女」と、世間から見られたのです。日本女子大は、そんなスキャンダルの主人公となったらいてうを、同窓会から除名したほど。

しかし自伝によるとらいてうは、森田とは「して」いなかったようです。彼女が初めて「した」相手は、なんとあの青年僧。塩原事件が落ち着いた後、再びかの僧の寺を訪れるようになったらいてうは、僧と連れ立って待合へ行き、事に至るのでした。それは「自分の意志によること」であったけれど、「和尚《おしょう》に対する愛が、わたくしにそうしたことをさせたといっては、すこし嘘《うそ》になる」とのこと。らいてうが愛したのは、二年前に接吻をした時の「純潔な和尚」であって、それなりに大人になった今の和尚ではない、と。

塩原事件の後、見知らぬ人から春画が送りつけられたりして、「わたくしにも性に対する好奇心が、無意識のうちに育っていたことは確か」であり、それが「和尚と結びつく動機」だったのかも、と書くらいてう。「セックスって、どんなものかしら」という処女らしい好奇心があったことを、正直に告白しています。

結婚前の娘が、結婚するつもりの無い相手と好奇心から「する」というのは、当時にしてはレアケースだったものと思われます。初めての接吻にしろ、初めてのセックスにしろ、らいてうは自分の思った通りに行動する人。塩原事件の三年後には、生田のアドバイスもあり、「青鞜」を創刊することになるのでした。

するとここでらいてうの処女性に噛みつく人がいて、それが与謝野晶子《あきこ》です。「青

鞜」が刊行された時、その巻頭を飾ったのは、

「山の動く日来《きた》る」

で始まる晶子の詩。晶子は閨秀文学会でも講義をしていますから、二人は親しかったとも思えますが、実際にはそうでもなかったようです。あまりにも個性の強い二人であるが故《ゆえ》か、両者は何かにつけて難癖《なんくせ》をつけ合っているのでした。

明治十一年（一八七八）生まれの与謝野晶子は、らいてうよりも八歳ほど年上。「青鞜」創刊時は、既に歌人、詩人としての立場を確立していました。「青鞜」創刊時、晶子の詩が巻頭を飾ったのは、女性文学界の一大スターである彼女を無視することはできなかったからでしょう。

晶子は、明治の終り頃から、評論的な文章も多く書くようになっていきます。「青鞜」の創刊や、それによって盛んになっていった女権拡張運動に刺激された部分も、あるのかもしれません。

大正初期には、「太陽」「中央公論」といった当時の代表的雑誌が、婦人問題特集を組むようにもなりました。大正二年（一九一三）に刊行された「中央公論」婦人問題号は、その紙幅の多くが、らいてうについて割かれています。この時代、らいてうは婦人問題における「顔」。そこでは「平塚明子論」として、作家等の文化人達がらい

てう評を寄せているのですが、中でも目立つのは、与謝野晶子の「自分は迷って居ます」との文章です。

冒頭で晶子は、「自分は今日人様の中へ進んで出て平塚明子さんを批評することを望まない」と書いています。「平塚さんを批評するのに精確な材料を有《も》って居ないと云うことが自分の躊躇《ちゅうちょ》する理由」なのだ、と。

かといって晶子は、筆を擱《お》くわけではありません。「平塚さんの文章には他の女を威《い》圧《あつ》して掛る力が其の表面に躍って居た」などと褒めた後に、「段々読んで居ると、正直な処《ところ》、平塚さんの論旨は何かしら外国物の種本を鵜呑《うのみ》にして勝手に吐出された様な気がしてならない」と、批判してもいるのです。

しかし晶子が本当に批判したいのは、らいてうの仕事のことではなく、その私生活についてでした。晶子は、らいてうの行状を直接知っているわけではないけれど、「間接に噂話《うわさばなし》は聞き過ぎる程聞いて居る」のだそう。そしてなぜ晶子が「自分は迷って居ます」と書くのかといえば、らいてうについての、二つの正反対の噂話を耳にしているせいなのであり、その一つは、

「其頃に平塚さんは清浄な処女であると聞いた。自分は其れが嬉《うれ》しかった」

というもの。

後輩の物書きが処女であることがなぜそんなに嬉しいのかというと、晶子が熱烈な「処女の純潔」信奉者であるからです。彼女の考えは、

「肉は霊の象徴であって、肉を汚すことは霊の汚れを証明《あか》すことである。自分には斯《こ》う云う自重が自発的に内在して居る。そして恋愛と云う唯一《ゆいいつ》の交響楽が霊と霊との間に始って、肉と肉もまた相許される。其れは肉を汚すのでなくて、楽器を役立たせるのである」

というもの。霊と霊との結びつきがあった後に肉と肉とが出会うなら、それは不純な結びつきではなく、響き合う楽器のようなもの。……とは、流石《さすが》に歌人。

そのような考えを持つからこそ晶子は、

「平塚さんが娘時代の貞操の乱れた日本の気風の中に、処女の貞操を自重しながら、女子の解放や恋愛の権威を論ぜられたりするのが嬉しかった。平塚さんの学問より、座禅より、議論より、何よりも処女の純潔を守って居《お》られると云う操持の堅剛なのに敬意を払って居た」

と書いたのです。らいてうがどれほど利発であろうと、一度でも「した」のなら何の意味も持たぬ、と晶子は思っているようです。

ところが晶子は、もう一つの噂を聞いてしまいます。それは、

「あの女は処女でない」

というもの。その時、晶子は、

「自分は美くしい夢を蹴《け》破られた気がした」

のだそう。それはかなり信頼性の高い筋からの情報だったらしく、晶子は落胆を通り越して、怒っています。他にもらいてうについての様々な噂を耳にしたようで、それらは「誠に書くに忍びざる事ばかり」。

「平塚さんの真実の全的生活を知りたいと思う自分は、其中の一二を露骨に書いて平塚さんの説明を求めてもよい。

某海岸の避暑地で平塚さんの関係した男のこと。

某酒亭で平塚さんが青鞜社の忘年会のあった夜に関係した男のこと」

と、脅迫まがいのことまで書き連ねるではありませんか。

噂に基づく非難は、さらに続きます。

「従来の無教育な娘がした様なふしだらを行い、女の貞操を二三にして平気で居られるなら、其れは思想の堕落であり肉の解放である。議論のみが如何《いか》に新しくても其行為は最も古い女である」

と、「解放」や「新しい女」といった流行りの言葉を意識した嫌味も。最後には、

「どれが真実ですか。自分は迷って居ます。自分は之《これ》を思うと涙がにじんで来る」と、問いを突きつけるのです。

事実から言えば、残念ながらこの時点で、らいてうは処女ではありませんでした。少なくとも、僧侶とは「して」いたのだから。

しかし事実はどうあれ、晶子の憤慨は、今を生きる我々にとって理解し難いものです。赤の他人に性体験があろうと無かろうと、泣いて怒るほどのことなのか。他人のプライバシーにかかわる噂話を雑誌に書くという公開処刑のようなことをする方が、よほど問題なのでは？……と思いますが、晶子にとってそれは決して、うやむやにできないことでした。らいてうが独身であれば、処女でなければならぬ、というのが晶子の信念。

前述の通り、晶子は「処女の純潔」の熱烈な信奉者です。大正四年（一九一五）の「太陽」には、

「私の貞操は道徳でない、私の貞操は趣味である、信仰である、潔癖である」

と記しています。「信仰」と言われると、らいてう非処女説に激昂《げきこう》するのも思わず納得しますが、ではなぜ、彼女の中には貞操信仰が育《はぐく》まれたのでしょうか。明治四十四年の「女子文壇」に、晶子は「私の貞操観」との文章を寄せています。

自分には元々、純潔を尊ぶ性情が備わっていたのであり、それが「自分の貞操を正しく持《じ》することの最も大きな理由」。

持って生まれた性情の他に、環境も関係していたようです。晶子が生まれたのは、大阪は堺《さかい》の商家。そこは「人情風俗は随分堕落した旧《ふる》い市街」であり、「自分の生れたのは無教育な雇人の多い町家」。だからこそ家は厳しく、ほとんど異性の目に触れたこともないので「貞操を汚すような男の誘惑というものも一切知らなかった」。

そんなわけで、晶子の処女の純潔は当然のように守られ、純潔を尊ぶ性情は強化されました。鉄幹と結婚した後も、「妻として貞操に何の欠けた所もない生活を続けて来ているのは自分ら夫婦にとって東から日が昇るのと斉《ひと》しく当然《あたりまえ》の事」と、胸を張っています。

努力をもって貞操を遵守《じゅんしゅ》するのではなく、純潔そして貞操の観念が生まれつき備わっていたからこそ、晶子はそうでない他人に手厳しいのです。「私の貞操観」の中でも、もし処女時代に誰かと「して」しまったなら、

「その女は自ら恥と悔とを覚えるばかりでなく、淑女たる資格なき者として社会から擯斥《ひんせき》せられても涙を呑んで忍ぶより外はない」

としています。

自らの「処女の純潔」愛について、それは道徳ではなく趣味であり、信仰であり、潔癖であるからして、「他に強要すべき性質のものでありません」と、晶子は「太陽」に書いています。恋愛結婚でなければ霊と霊との結びつきは生まれず、男女のどちらかが奴隷化せざるを得ない結婚ばかりの今は、

「霊肉一致の貞操を期待するのは夫婦の何《いず》れに向っても苦痛を与え、虚偽を強いるもの」

とするのでした。

それは、〝純潔思想を生まれながらに持ち、鉄幹と恋愛結婚をし、その一夫一婦の愛を疑ったこともない私〟のアピールのようにも見えます。当時は、恋愛結婚は稀《まれ》だった時代。奴隷のような夫婦関係に甘んじている人達、無教育で堕落した人達に対して、自身が堅持する貞操観念の先進性を自慢している風にも読むことができます。

晶子は、「他に強要すべき性質のものでありません」としながらも、らいてうには処女であることを厳しく求めています。晶子は、純潔や貞操を得るための努力が自身は不要だったからこそ、自分とは違う人については理解することができなかったのでしょう。

らいてうは、自分から初めての接吻をし、最終的にはその相手と「して」もいるわ

けで、性的好奇心は旺盛《おうせい》なタイプであったと思われます。おそらく晶子の疑念の通り、他の男性とも「して」いたのでしょう。

対して、晶子の性的好奇心は、厳重に管理されていました。文学少女として過ごし、「天照大御神《あまてらすおおみかみ》の如き処女天皇の清らかな気高い御一生」を羨《うらや》んだり、「伊勢の斎宮加茂の斎院の御上などもなつかしかった」そうですから、根っからの処女好き。

そんな晶子は、「処女には性欲が無い」という信念も持っていました。「私の貞操観」では、

「自分の経験でいえば、性欲というべきものの意識は処女時代にない。性欲の記事を読んでも、男子のように肉体的に刺激せられる所は少しもない」

と、断言しているのです。

大正四年の「太陽」でも、「処女と性慾《せいよく》」と題して、自説を展開しています。江戸時代の文学には、処女が男を誘うようなものもあるが、それは「処女の純潔に対する侮辱」。「女性が肉の欲求を感じるのは男性に誘発された後のこと」なのだ、と。

晶子は、生涯で十三人の子供を産んだ子福者ですが（二人は早世）、鉄幹と霊同士が結びついていたからこそ、「楽器を役立たせ」ないわけにはいかなかった。十三人の子供は、霊肉一致の結果なのです。

晶子にとって、らいてうの非処女疑惑が泣けてくるほど悲しいのは、だからこそ。高い教育を受けているあなたがなぜ、結婚前の性行為という非文明的なことをするのか、という義憤にかられたのでしょう。

一方のらいてうからしたら、自分がしたいと思ったことを「した」だけのこと。らいてうにとっては、それがセックスであっても自分の意思に沿って「する」ことの方が進歩的な行為なのであり、そこに二人の大きな感覚の差があるのでした。

貞操論争と童貞ブーム

平塚らいてうは、処女なのか否か。この問題について、与謝野晶子が「中央公論」臨時増刊の「婦人問題号」において涙をにじませながら追及したのは、大正二年（一九一三）のことです。結婚前の女性は清浄な処女であるべきという「信仰」を、晶子は持っていたが故のことであり、当然、結婚後は夫以外の男性とは「しない」ことも、晶子にとっては「信仰」でした。

人生において一人の男性としか肉の関係を持たないのが当然、という意識の晶子に対して、らいてうは生涯で複数人と関係しています。そんならいてうは、「不貞」ということに対しても、当時としては独特な感覚を持っていました。

当時は、男性は三十歳以上、女性は二十五歳以上にならないと、当人達の意思だけによる結婚、すなわち「自由結婚」をすることができませんでした。普通に結婚するならば、相手を決める時に、多かれ少なかれ親の意思が介在したのです。

そんな状況においては、初めて会う人と結婚したり、嫌な相手と結婚生活を続けざるを得ない人も少なくなかったわけですが、らいてうはそんな関係を否定しました。

「愛なくて只《ただ》肉体の上で夫一人を守っているような妻は不道徳な、不貞なもの」（「婦人公論」「男女性的道徳論」大正五年、一九一六）

ということで、愛情で結びついていない相手を夫として肉の関係を持ち続けることこそ不貞、としたのです。

そんならいてうは、この文章を書いた時点では画家の奥村博史《おくむらひろし》と共に住み、彼の子供を産んでもいました。愛情で結ばれた相手と、共に暮していたのです。しかし一般の女性が、自分が選んだ相手と恋愛したり結婚したりすることは、まだ難しかったこの時代。「好きでもない相手と結婚したり、そんな相手と『し』続けることこそ、不貞行為だ」と言われても、普通の人々としてはどうしようもなかったのではないか。らいてうの行動が一般化できるわけではなかったものの、しかし今風に言うならばらいてうは、カリスマティックなインフルエンサーでした。自分の信じた道を生き続けるらいてうに影響される女性は、多かった。

「青鞜」のメンバー達はもちろん、らいてうのフォロワーであったわけですが、しかしそんな女性達が抱く貞操観念はそれぞれ異なったのであり、大正三年（一九一四）

の「青鞜」では、「貞操論争」というものが勃発《ぼっぱつ》しています。ことの発端は、生田《いくた》花《はな》世《よ》が雑誌「反響」に書いた「食べることと貞操と」という文章。

花世は、徳島から家出同然に出てきて「青鞜」の同人となった人でした。「食べることと貞操と」において彼女は、女性が「食べること」すなわち生活のために貞操を犠牲にするのはやむを得ない、と書きます。当時は、女性が財産を所有することは禁じられていた時代。のみならず、女性が職業を持つことも難しい世において、花世自身もまた、生活のために貞操を犠牲にしたと明かしています。

花世に対する反論「生きる事と貞操と」を「青鞜」に書いたのは、安田《やすだ》皐月《さつき》。彼女もまた生活苦の中、果物店を営むなどして生きている人でしたが、彼女は花世の「食べることと貞操と」を読んで、「血の濁りを感じた」と書きます。花世の「食べると云うことが第一義的な要求であって、自分一箇の操《みさお》のことは第二義的な要求であった」という思いについて、「『自分一箇の操の事』を考えないでどこに生活があるのだろう。何で食べる事が必要だろう」と、激しく批判。皐月は、貞操を犠牲にするくらいであれば飢えて死んだ方がまし、という考えの持ち主なのです。

皐月にとって貞操とは、女として、そして人間としての「部分」ではなく「全般」。貞操を失うことは人間として存在価値を失うも同然、とその筆鋒《ひっぽう》は鋭いのでした。

皐月が持っていたのは、与謝野晶子と同様の、貞操に対する「信仰」だったのでしょう。理屈で語ることができない貞操信仰を心にたぎらせていたからこそ、「食べるために貞操を犠牲にした」と告白する花世が、邪教信者のように見えたのではないか。

生田花世と安田皐月の激突を見て伊《い》藤《とう》野《の》枝《え》は、「貞操についての雑感」を「青鞜」に寄せています。野枝も、「処女を失わずとも、食べることくらいはできるだろう」という考えを持っています。同時に、花世のおセンチな書きぶりも批判。「処女でなければ幸せな結婚はできない」という感覚が強いからそのような筆致になるのだろう、とも。

野枝はこの点において、らいてう寄りの考えを持っています。すなわち「愛を中心にした男女の結合の間には貞操というようなものは不必要だ」と。さらに彼女は、「何故処女を犯されるということがそんなに女にとって大事であるかという理由は私にもはっきりとはわからない」とし、だからこそ処女であることだけが良い結婚の条件となる訳ではなかろう、と書くのでした。

食べるために処女を失ったことを湿っぽく告白する花世に対して、処女性などというものを完全に超越してしまえばいいのにと思う野枝。彼女は、

「ああ、習俗打破！　習俗打破！」

と、「青鞜」のポリシーである「習俗打破」を「南無阿弥陀仏《なむあみだぶつ》」のように唱えて、文章を終えるのでした。

生田花世の告白も、それに対する安田皐月の批判も、「理屈抜きに処女は大切なもの」という固定観念からくるものです。それに対して野枝は、「しかし考えてみれば、なんで処女ってそんなに大切なのか？」と、シンプルな疑問を呈している。さらには、「男の貞操は全く問題にならないのに、なぜ女の貞操ばかりが問題視されるのか」という疑問も。

伊藤野枝のような意見は、大正の世においては特殊です。与謝野晶子的な、「処女は、とにかく守るべきものなのだから、守らなくてはならない」という信仰を持つ人の方が、世の中には圧倒的に多かったのです。

読売新聞には大正三年から身の上相談の欄がありますが、そこには処女、貞操問題にまつわる相談がしばしば寄せられています。たとえば『大正時代の身の上相談』（カタログハウス編）によれば、ある男性と親しく交際しているうちに「して」しまった経験を持つ十八歳の女性は、他の男性から結婚の申し込みがあったということで、「一度汚れたこの身をどう決心したらいいものでしょうか」と悩んでいる。

それに対する回答は、「そのことを隠して、ほかに縁づくのは人を欺《あざむ》くというものです」というもの。つまり、嫁ぐのであれば正直に言わねばならぬ、とアドバイスするのです。今ならば「何でも馬鹿《ばか》正直に話せばいいというものではない」というセオリーを皆が知っていますが、この頃にそのセオリーは、まだ存在していなかった模様。

ではどうしたらいいかというと、

「あなたはただ悶《もだ》えなければならないのです」

「まず真に悔いて、謹慎することが必要です」

とのこと。その上で縁があれば結婚するがよろしい、とされるのですが、結婚前の女性がセックスをすることは絶対悪であり、悪に手を染めてしまった女はずっと苦しみ続けて当然、という意識を見ることができます。

またある男性は、自分の妻が実は結婚前に性交経験を持っていたことを、既に何人も子供を持ってから知ってしまったとのこと。それが事あるごとに思い出され、「ともに喜び、ともに悲しむことができません」と、悩んでいます。妻に真実を打ち明けるように迫っても、妻は口を割ろうとしない、と。

この悩みに対して回答者は、「あなたの意志の力が弱いので心が揺れるのだ。許すよりほかはない」といったことを答えていますが、相談者がそれで納得したとは思えない。

女性向けの雑誌を見ても、

「妻が処女ではなかった」

「私は処女ではないが結婚できるだろうか」

「一度、口づけを許してしまったことがあるが、こんな私は清浄な処女ではないのではないか」

といった悩みは、枚挙《まいきょ》に暇《いとま》がありません。

菊池《きくち》寛《かん》の『受難華《じゅなんげ》』は、大正時代末に雑誌「婦女界」に連載された小説ですが、ここにも悩める非処女と、そうとは知らずに非処女と結婚して我を失う男性が登場します。

彼女にはかつて婚約者がいたのですが、結婚を前にして婚約者が病死。その後、婚約者の親友と結婚することになったのですが、彼女は実は婚約者と一度だけ、結婚前に「して」おり、そのことを隠していました。

しかし新婚初夜、夫が自身の性体験を告白してきたので彼女も正直に言ったところ、夫は激怒。新婚旅行は中断されてしまい、大騒動となるのです。

この時代、「結婚までは絶対にセックスをしてはならない」という感覚を信仰の域まで高めていたのは、与謝野晶子だけではなかったのです。世の中全体が処女絶対主義をとっていたからこそ、非処女や、非処女と結婚した男は苦悶した。

女性は結婚まで処女を守り、結婚したら夫以外と性交してはならない、という考え方は、そもそもは男系の血を守るためのものです。それにキリスト教の考えが加わって、日本で処女の価値は高まっていきました。

一つの考え方が世に浸透すると、人は「そもそもなぜそうしなくてはならないのか」を考えなくなります。処女についても、血脈云々《うんぬん》のためという理由は、次第に忘れられるようになっていきました。それよりも処女は清浄で非処女は汚れているという、物事を清浄・汚濁のどちらかに二分して判断するという日本人好みの感覚を、そこに当てはめるようになってきたのです。

女性に対する所有の感覚も、関係していましょう。経済力も参政権も持っていなかった、当時の女性。女性は結婚すると、法律上の「無能力者」として扱われました。結婚は、人間同士が共に生きていくというより、男が女を所有する行為だったのです。

何かを所有する時、中古品よりも新品を持ちたい、という人は多いもの。無論、中古でも気にしない人も中にはいますが、正月に新しい下着を身につけるのと同じ感覚で、人生の節目である結婚の時には、誰とも「して」いない、というよりは、誰からも「やられて」いない女を、男は求めたのではないか。

ここで問題になってくるのは、独身男性達の「処女と結婚したい」という思いが強いにもかかわらず、同じ独身男性達が「セックスはしたい」との欲求をたぎらせていたことです。男性が欲求を抑えられずに一般女性と「して」しまえば、その女性は処女ではなくなります。両者が結婚すればいいものの、そうではない場合、女性の側だけが〝汚れた〟存在になってしまったわけで、この時代に処女問題に関するお悩みが多いのは、そのせい。

大正十四年（一九二五）六月号の「婦人公論」には「未婚男子の結婚の対象となる女」という記事が載っています。独身男性二十六人に、結婚相手に求める年齢、学歴等を聞いているのですが、その中には「処女・非処女」という項目も見られるのでした。

ここで「処女がよい」と答えたのは十一名。「非処女でも可」は九名。なるべくなら処女がよいが、しかし……と、条件付きで非処女を認めたのは五名、具体的な回答無しが一名という結果。

この中で、早稲田大学卒の三十歳の男性は、
「自分は無論童貞ではないが、妻としてはどうも処女でなくっちゃ」
と答えています。この答えは、当時の独身男性の典型的な感覚を表していましょう。

三十にもなった男である自分がセックスを経験しているのは、当たり前。そんな自分が結婚相手に処女を求めるのもまた、当たり前。……と、彼は思っています。彼は色街でもセックスをしたでしょうし、また適当な素人《しろうと》女にも手を出したかもしれない。しかし彼が「適当」と思っている素人女もまた、処女を求める男性が過半数の結婚市場に生きる独身女性であるということは、考えていません。すなわち、「する相手」と「結婚する相手」は別だったのです。

　中央大学卒の二十六歳の男性も処女と結婚したいと思っていますが、

「純なる心と素直なる生活は処女に非《あら》ざるものには望むこと能《あた》わざる心地すればなり」

　とのこと。帝大卒の二十六歳男性は、

「処女！」

　と断言した後に、

「非処女？　考えても慄《ふる》える程、いやだ。妻だ。女房だ」

　と、そのようなことを聞かれるだけでも不快、という感覚。この「慄える程、いや」というところからも、処女の清浄に対する信仰がにじみ出ていますし、「妻だ。女房だ」からは、「『する』だけの女と結婚するはずがない」という意識を見ることができます。

このように、処女を求める人は、「非処女、NO」との強い意思を持っているのでした。それは潔癖の感覚とも関係しているのでしょう。「する」だけの女は不浄でも不潔でもよいが、自分が所有し、自らの子を産ませる女は清い存在でなくてはならなかったのです。

この調査の中で、結婚相手に処女を望む男性の中に、「自分は童貞なので、相手も当然処女であってほしい」という人が三名ほど存在しました。婦人雑誌に、自身が童貞であることを実名と共に開陳するとは勇気がある、と思いますが、どうやらこの頃は、「童貞である」ということを一つの誇りとして守る男性がいた時期だったようです。『日本の童貞』（澁谷《しぶや》知美《ともみ》）によれば、それは一九二〇年代特有の現象で、都市部の知的階級においてそのような現象が見られた模様。「婦人公論」の調査も、対象の多くは大卒もしくは大学生の男性ですから、当時の知識層と言うことができましょう。

元々あった儒教的な貞操観念、明治期に入ってきたキリスト教的な処女尊重意識、そして非処女をけがれた存在とみなす感覚等が相まって、日本の処女信仰は強まってきました。対して男性の貞操意識は重要視されず、売春は盛んで蓄妾《ちくしょう》行為も当たり前、姦通《かんつう》罪も女性にだけ適用されていたわけで、そのアンバランスさを指摘したのは、前述の伊藤野枝だけではありません。

そんな中で一部に登場したのが、「処女を欲するなら、自分も童貞で」と思う男性達だったのです。処女を守ることが都会的で進歩的と思われていた中、童貞を守ることも同様に「進んでいる」のだという感覚が、発生したのでしょう。

処女と童貞を結婚相手に捧《ささ》げようと頑張る都会の知識層がいる一方、地方の状況は違っていました。都会の進んだ人達は結婚まで性行為を自重するが、地方は遅れているので乱倫、と思われていたのです。

処女信者・与謝野晶子は「地方女子の都会景慕」という文章において、地方から東京に出ようとする女性達について記しています。下田《しもだ》歌子《うたこ》のような女性教育者達は、都会に出たがる地方の女子に対して「都会は危ないからむやみに出てくるな」と言うけれど、それはナンセンス、と。

晶子は、「現代の知識から堕落して居る地方生活が、引いて道徳的に堕落して居ることは必然の結果」と書きます。地方には、「結婚前の処女を汚そうとして狙《ねら》って居る淫《たわ》れた男子」や「男子の甘言に欺かれて一旦《いったん》処女の貞操を破った上は、誘惑される儘《まま》にだらしなく幾人もの男子に迎合するような若い女」が目に余るほどいるし、「忌《いま》わしい姦通沙汰《ざた》の多いのも地方の家庭です」と、地方に手厳しいのです。

都会の危険は自分の意志で避けることができるけれど、「地方の危険は殆《ほとん》ど不可抗力的に婦人の生活を凌辱《りょうじょく》します」。だから地方の女子が上京したくなるのはやむを得ないことなのだ、と晶子は書くのでした。

都会に住む進んだ女であった晶子には「道徳的に堕落」していると見えた、地方の状況。当時の地方には、おおらかに性を楽しむ日本古来の姿が残っていたということなのでしょう。他メディアでも、地方の乱れぶりを嘆く言葉が見られるのですが、ではこの先、日本の処女達は都会風の純潔主義と田舎風の自由主義、どちらに取り込まれていくことになるのでしょうか。

処女膜を超越せよ

処女が自身の貞操を守りたいと思っても、堕落しきっている地方においては困難なこと。都会の方がまだ、自分の身を自分で守ることができよう。

……という与謝野晶子の主張の背景には、地方から都会へと出てくる若者の増加という現象があります。大正デモクラシーに沸く華やかな都会に憧《あこが》れて若者達が田舎から出てくることを、当時は「都会病」と言っていました。

都会は華やかなだけではない。危険な場所なのだからして、軽々しく出てこない方がよい。という意見が多い中で、「田舎の性は乱れている。純潔を守りたい女性が都会に出るのを止めることはできない」という晶子の論は、都会と地方の性意識の差を示しています。

大正十三年（一九二四）の「婦人公論」八月号には、「処女の尊さを知らぬ地方の処女に与う」と題された作家の柳川武彦《やながわたけひこ》による文章が載っています。

「婚前の処女が、肉体的に純潔でなければならないことは、当然である」

という書き出しのこの文章は、その前年に発生した関東大震災により、柳川が東京から田舎に居を移したことを機に書かれたようです。移り住んだ地の未婚女性達は貞操観念が薄く、「平然として婚前の身で、花恥しきその腕を若者に任せ」ていました。

その状況に驚いた柳川が様々な地について調べてみると、若い女性の性道徳が乱れているのは、どの地方も同じ。中には「婚前に男を知って置くことを、結婚の一つの資格と考えている」という地域もあると知り、柳川は「一日も早くそうした無智《むち》から覚めて」ほしいと、祈るのです。

明治の末、北原白秋、与謝野鉄幹等五人の文人が九州を旅した旅行記『五足の靴』において、とある地域の若い娘達が持つ性に対する感覚に驚きを覚えたという記述があることは、すでに紹介しました。その地方に見られた「他国人と一度関係を結ばぬ女は縁附が遅い」という感覚のことを、柳川も念頭に置いていたのかもしれません。

祭の晩に若い男女が関係を持つ習慣がある地、娘が十五歳になったら男を知らないのは恥だとされる地などについても、柳川は記しています。それらは野蛮な因習であり、田舎の娘さん達は、貞操観念を強く持つという「近代人としての自覚」を深めるべきだ、と彼は力説するのでした。

一夫一婦制という近代的で清浄な制度を守るには、女性は清い身のままで結婚しなくてはならない、と信じる柳川。

「無垢《むく》であることは、結婚の最も大切な資格であり、且《か》つ花嫁より未来の夫への最も貴重な贈りもの」

「ほんとうに気をつけてお呉《く》れ、田舎の娘さんたちよ！」

と、彼は注意を喚起するのです。

この記事から遡《さかのぼ》ること六年、大正七年（一九一八）には、国の主導で「全国処女会」が結成されています。地方の若い男性を組織化した団体が青年団ですが、その女性版が処女会でした。第一次世界大戦を背景として、壮健な男子と、男子を支えて丈夫な子供を産み育てる未来の良妻賢母を涵養《かんよう》するための組織として期待されたのが、青年団と処女会。内務省によってその中央組織が作られ、「処女の友」という機関誌も創刊されました。

それにしても「処女会」は、「青年団」と比べて重たい意味を持つ名称です。当時は、既に「処女」は単に「家に処《い》る女」ではなく、「セックス未経験の女」の意味として使用されていました。平塚らいてうも、大正四年（一九一五）の「処女の真価」において、「一般に処女といえば性交の経験のない女子の総称であることは改めていうまでもない」と書いています。

ではこの「処女会」は、性交未経験の女子のみが入ることができる会なのかといえば、さにあらず。それは独身女性達のための組織であり、性交経験の有無が問われた訳ではありません。

処女会活動に心身を捧げ、「処女会の父」と言われた内務官僚・天野《あまの》藤男《ふじお》は、『農村処女会の組織及指導』において、その名称について記しています。処女会という名は、「余りに生理的で、露骨で奥床しくない抔《など》という批評をも受けている」とのことで、当初は天野自身も「そう思えてならなかった」のだそう。性交経験があるとか無いとかといった生々しさが、会の名称からしたたりすぎやしないか、と本人も思っていたのです。

しかしその後は「処女会」にしてよかった、と思った天野。なぜならば、「処女と呼ぶは、露骨の様であるが、名称其物《そのもの》が既に一種の制裁と権威とを有《も》っているとも解せられる」から。

天野としても、当時「地方は遅れているので性的に乱れているが、都会の進んだ女性達は処女の純潔を大切にする」という評は知っていたでしょう。地方（静岡）出身の天野としては、地方の女性達にも、結婚まで処女を守らせたい、と思っていたのではないか。

「青年団」「処女会」という名称の違いからは、「独身男性は『して』もよいが、独身女性は『して』はならない」という意識が滲《にじ》みます。「（処女会という）名称其物が既に一種の制裁と権威とを有っている」との文章における「制裁」とは、結婚前なのに「して」しまった女性に対する感覚なのか。そして「権威」とは、性交未経験という状態が若い女性にとっては金看板となる、との意なのか。天野という人は、処女会活動に対して尋常でなく熱心なのですが、彼の「処女」に対する個人的な思い入れの強さが、会の名称にも関係している気がしてなりません。

『青年団及処女会』の「処女と衛生思想の鼓吹」において天野は、

「貞操を守ることも一種の衛生である。守操の如《ごと》き他より強要せらるるものに非ずして、処女自ら之を尊重すべきものである」

と書いています。婚前の性交を、病気や不潔などと同じように位置づけたのでしょう。

天野が本気でそう考えていたのかについては、疑問が残ります。が、多くは高い教育を受けていない農村の女子に対して、精神性に訴えて処女を守らせるよりも、「身体を清潔に保つのと同じようなことだからね」と伝えた方がシンプルだと思ったのではないか。

大正時代は、「処女であること」の価値がぐっと増していった時期ですが、なぜ女性が結婚まで処女を大切にしなくてはならないのかという理由づけについては、迷走していました。処女会の父・天野は、それは「衛生」のためだとし、与謝野晶子はそれを「信仰」だとしました。また貞操論争の発端となった生田花世は、当時の女性にとってほとんど唯一の生活手段である結婚をする時に、処女は大きな価値となる、という感覚を持っていたのです。

生田花世の感覚は、当時においては一般的かつ現実的なものでした。大正十五年（一九二六）「婦人公論」十月号における座談会においても、山川菊栄《やまかわきくえ》は、

「とにかく『貞操』で女は喰って居るのですから。『貞操』は唯一の商売道具ですからね」

と語っています。結婚した後の夫に対する貞操、そして結婚するまで処女でいるという未来の夫に対する貞操も、この話の中には入ってきましょう。

山川は、

「女の貞操観念が、絶対的先天的なものだとは信ぜられませんね。同じ日本でも時代により、地方によって違いますから」

とも言っています。日本女性は、先天的に備わった資質として貞操を守っているのではなく、「喰う」ためにそうしているという意見は、その後の日本女性を知る者には納得できるところ。今の我々は、「貞操で喰える時代があったんだ……」と、遠い目になるのです。

女性達が貞操を売って生活するしかなかった当時、そのような状況を「習俗！」と切り捨てるのは、平塚らいてうです。前出の「処女の真価」においてらいてうは、処女が大切かどうかは問題ではない、とします。では何が大切なのかというと、

「すべての女子は彼女が所有する処女をこれを捨てるに最も適当な時に達するまで大切に保たねばならぬ。さらに言えば不適当な時において処女を捨てるのは罪悪であるごとく、適当な時にありながら、なお捨てないのもまた等しく罪悪である」

とのこと。その「最も適当な時」はいつなのかといえば、「恋愛の経験において、恋人に対する霊的憧憬《しょうけい》（愛情）の中から官能的要求を生じ、自己の人格内に両者の一致結合を真に感じた場合」。平たく言えば、愛し合っている相手と「したい」と思った時、ということか。このような考え方のらいてうは、喰うための結婚をした相手と「する」ことは、「醜悪」であり「罪悪」だと思っていました。

大正は、恋愛ブームが起きた時代でもあります。厨川白村《くりやがわはくそん》は、大正十年（一九二

一）に『近代の恋愛観』を発表。セックスは恋愛感情があってこそ行われるべきであり、恋愛なき結婚はナンセンス。喰うための結婚は「奴《ど》隷《れい》的売《ばい》淫《いん》生活」である、といった彼の考えは、らいてうと共通する部分があります。子作りのためのセックス、肉体的欲求の発散としてのセックスではなく、恋愛の結果としてのセックスを理想とする人達が、登場してきたのです。

　らいてうは「処女でも恋愛をすれば官能的な欲求を持つ」という感覚ですが、ちなみに与謝野晶子は、「処女に性欲は無い」という主義です。「純粋無垢の処女には結婚期と云《い》われる年頃に達しても性慾の強烈な自躍は起らない」「処女が男に対して能動的に恋をして居ても、それが肉の欲求となって、男に挑むと云うような事実」は、ごく稀である（「処女と性慾」）とのこと。

　処女時代、性欲ってあったっけ。……と思い返してみますと、性欲と好奇心との区別のつけ方が、非常に難しかったように思えます。それが単なる肉体的な欲求だったのか、はたまた恋愛感情が高まった結果としての性欲だったのか、それとも「したことがないことをしてみたい」という感覚だったのかは、処女（自分）自身には判定不能。処女と性欲に関する二人の感覚の差は、二人の「処女、こうあるべし」という感覚の差、そして自分がいかにして処女でなくなったかという経験の差であったのではないでしょうか。

処女に関する様々な説が出る中で、市井《しせい》の女性達は次第に、「なぜ処女を大切にしなくてはならないのか」についての思考を放棄していきます。議論百出、考えても結論は出ないけれど、皆が「処女は大切」と言っているからそうなのだろう、と。

男性もまた、なぜ自分が処女と結婚したいのか、本当の理由はよくわからなかったのではないでしょうか。理由がわからないままにこだわるというのは、与謝野晶子の「信仰」と同じこと。信仰だからこそ、その思いは強くなります。

彼等は、「この女は処女か否《いな》か」を、何とか判定しようとしました。そんな中では「処女が一度でも男性と関係すると、相手の男性の血液が女性の身体《からだ》に入り込むので、血清反応で非処女だとわかる」といった珍説が信じられたりもしたのです。

初夜の出血の有無によって判断するといっても、全《すべ》ての処女が出血するわけではない。結婚後も、「自分の結婚相手は、本当に処女だったのか」と疑心暗鬼で過ごす男性も珍しくなかったのです。

そんな中で異彩を放っていたのが、「山宣《やません》」こと山本宣治《やまもとせんじ》という人。社会主義系の国会議員であった三十九歳の時、治安維持法に反対して右翼に刺殺された彼は、生物学者でもあり、性の問題にも熱心に取り組みました。

生物学者という立場柄、彼は男子学生達から、「どうしたら処女を見分けることができるか」といった質問を、しばしば受けたようです。処女膜の存在は既によく知られており、男子学生達は鏡開きをするように、はたまた徒競走のゴールテープを切るように、処女膜を自分が「破る」ことに大きな価値があると思っていました。女性達もまた、処女膜を守ることに必死だったのです。

　山宣はそんな状況に、異を唱えます。大正十三年、山宣が三十五歳の時の著書『恋愛革命』の中の「生物学から見た処女性」では、まず処女膜とはどのようなものかを解説しています。それは「膣内腔《ちつないくう》が体外に開く部分」を「不完全にとざす繊弱な膜」。「陰門の近く内側中央に半月形の穴を残して、環状の処女膜は略《ほぼ》完全に膣を外界から保護する役目をなして居る」けれど、最初の性交で一部が破れ、「性的生活の進捗《しんちょく》と共に」一続きの環状だったものが「左右相対する二列のもの」となって、さらにはその名残が僅《わず》かに残るだけとなる、と。

〝膜〟というと、温めた牛乳に張るような薄いものを想像しがちです。しかし処女膜はそのようなものでなく、環状のひだのような存在。すなわち最初から、中央部に穴は空いているのであって、初めてのセックスによって一枚の膜が破かれるわけではない。

昭和時代、やはり処女膜が薄い一枚の膜だと思っていた私は、本物の処女膜の写真を雑誌か何かで見て「へー！」と思ったものですが、大正の処女ブームにおいては、正しい処女膜像を山宣が解説していました。

処女膜のあり方は、人それぞれ。「過激な運動」や「過度の洗滌《せんじょう》」でも破れることがあれば、あるいは妊娠しているのに「膜が弾性に富ん」でいれば、処女膜が完全に保たれているケースもある、と。

そのような不確かな存在である処女膜にこだわる人が多いのは、男性による女性支配のせいだ、と山宣は書きます。「清純な女性を我物とした最初の者として暴威を揮《ふる》い、且又《かつまた》彼女と相語らうた最初の男だという虚栄心を充《みた》したがるのだ」と。

しかし処女膜の有無にのみ関心を持っていては、肝心の精神の純潔を無視することになってしまう。「処女膜さえ保存して居れば満足」と、恋愛小説やらダンスやらといった恋愛遊戯的な享楽《きょうらく》に身をやつすお上品な娘達と、誤まって「傷物」になってしまった女性達は、果たしてどちらが精神的に純潔なのか。……と、山宣は警鐘を鳴らすのです。

「処女膜の完全な存在以上に処女の純潔がある」と信じる山宣は、処女膜だけを偏重する時代の傾向に反対するのでした。「膜さえあればいいというものではない」とい

う考えの彼がこの文章の最後に記すのは、

「現代の青年男子よ、青年女子よ。吾人は須《すべから》く処女膜を超越せねばならぬ」

というアジテーションなのです。若者が「超越」すべきは、もちろん物質としての処女膜ではなく、処女膜に固執する精神。膜の有無で純潔を判断せず、精神的な純潔を希求すべき、と説いたのです。

しかしこの〝処女膜超越のすすめ〟が功を奏したのかというと、そうでない気がしてなりません。その後も、新聞や雑誌の人生相談には、処女へのこだわりが強すぎる男女からの相談が、後を絶ちませんでした。回答者の中には「精神が汚れていなければ、一度過《あやま》ちがあってもあなたは純潔」と、非処女を励ます人もいたけれど、やはり男性達は、精神が純潔な非処女よりも、精神はどうあれ性交は未経験の女性を好み続けたのです。

昭和のバブル前、処女膜再生手術が話題になったことを思い返してみれば、日本人が処女膜を超越できない時代は、その後も長く続いたことになります。いつまでも処女膜の周囲でジタバタし続ける日本人に、山宣は泉下《せんか》で何を思っていたのでしょうか。

丸ビルに処女なし？

処女に拘泥《こうでい》する人々に対して、

「処女膜を超越せよ！」

と檄《げき》を飛ばした、山宣こと山本宣治。しかし人々が「なるほど、それもそうだ」と従ったわけではありません。大正から昭和へならんとする時期、処女膜へのこだわりは、むしろ強くなるばかりだったのです。

その背景には、「女は、こうあるべし」という従来型の規範から外れる女性達が、大正の頃から目立つようになってきたという事実があります。「青鞜《せいとう》」メンバーのような特別な女性達でなくても、様々な面で「あるべき女」像から外れる人が増えてきたのです。

進取の気性をもって古い規範から外れていく女性達を、男性達は興味しんしんで眺めました。が、そのような女性は男性にとって、見物の対象や遊び相手にはなっても、結婚相手ではなかった。比較対象物の登場によって、「結婚するのは、やっぱり処女じゃないと」という保守的傾向が、男性の中では強まったのではないか。

規範から外れる女とは、たとえば「モダンガール」が挙げられましょう。関東大震災後から目立つようになったモダンガールは、洋装に断髪という斬新《ざんしん》なスタイルで、銀座を闊歩《かっぽ》しました。当時、洋装の女性はほとんど存在しませんでしたから、彼女達の存在は、たいそう目立ったのです。

当初「モダンガール」は、欧米において女性の社会進出やその地位の向上を象徴するスタイルとして登場しました。その流れに乗ってモダンガールが日本でも見られるようになると、次第にファッションとしての流行のみが目立つように。軽佻浮薄《けいちょうふはく》というレッテルが貼られ、保守的な人々からは怪訝《けげん》な目で見られるようになったのです。

昭和二年（一九二七）の「婦人画報」では、「現代の処女」というテーマで、華族の女性達による座談会が行われていますが、名流夫人達は、

「モダンガールと云うのは、余り感じの好《よ》いものではありませんね、何処《どこ》となしに娼《しょう》婦《ふ》と言った香《におい》がするような気がして……」

などと語ったのであり、モダンガールに淫蕩《いんとう》なイメージを持っている模様。

また「婦人公論」昭和五年（一九三〇）一月号には、「スポーツマンの求むる結婚」

というページがあります。六大学野球など、大学スポーツが大人気だった当時。この特集では、時代の花形であった大学生スポーツ選手に理想の結婚相手について尋ねているのですが、彼等はモダンガールを好まない、と言うよりはモダンガールが嫌いです。

たとえば帝大蹴球《しゅうきゅう》部選手・若林虎雄《わかばやしとらお》は、「保守的な貞淑さ」を持つ女性がよいとし、「所謂《いわゆる》モガと称せられるグルッペ（注・グループ）は極端に忌避します」と、モガを歯牙《しが》にもかけない。

慶大野球部選手・山下実《やましたみのる》も、「つつましい、やさしい人を好みます」「所謂モダン・ガールは御免です」とのこと。同じく慶大野球部の宮武三郎《みやたけさぶろう》も、「フラッパーな女性だけには何としても親しみません」と、モガのファッションをバッサリ。

ちなみに山下、宮武両氏は、卒業後はプロ野球入りし、初期プロ野球の人気選手となっています。現在のプロ野球選手の妻を見ても、自分の個性や能力を主張しようとする女性ではなく、結婚と同時に職を辞め、夫を献身的に支える女性が多いもの。昭和初期のスポーツ選手がモガを好まないのも、当然のことでしょう。

「職業婦人」も、大正時代から目立つようになってきた女性達でした。しかし当時、「職業婦人」という言葉に良いイメージはありません。当初は、娼妓《しょうぎ》等も含んだ意味合いで使用されていたということで、「職業婦人」は性的なニュアンスが、そこはかとなくつきまとう言葉だったのです。

経済的に困窮して働かざるを得ないのが職業婦人であり、まともな家の娘や妻であればそんなことはしない、という感覚もありました。大正初期の職業婦人は、電話の交換手や小学校の教師であっても、人目につかないようにコソコソと出かけたのだそう。

職業婦人がコソコソと出かけていた頃は、「婦人公論」にも、女は仕事を持つべきではない、といった意見が堂々と載っていました。家庭における内助こそが女の役割なのだからして、女性が外で仕事を持つなどもってのほか。女が仕事を持てば、男性の権利を犯すのみならず、晩婚や不妊も招きかねない、と。その説に対する反論も掲載されたものの、保守的な人々の間で職業婦人を一段低く見る傾向は続きました。

大正十三年（一九二四）の「婦人公論」では「現代職業婦人の印象と批判」という特集が組まれています。ここでは小説家の久米《くめ》正雄《まさお》も、「一種の文化かぶれ、新しい思想かぶれ」で、必要がないのに働くような女性は、仕事というものを馬鹿にしている、と批判しています。のみならず彼は、

「甚だ恥かしい話だが、職業婦人というものをみると、かなり激しい誘惑を感じる」

と、告白するのでした。それは「新時代の不良青年どもに共通した一種の感情」なのだそう。そしてその点について「世の職業婦人諸姉に反省を促しておきたい」とも書いています。

　ここでの「かなり激しい誘惑」とは、もちろん性的な意味合いを持つものでしょう。それについて職業婦人の側に反省を求めるというのは、痴漢の被害女性が、「触りたくなるような服を着ている方が悪い」と言われるようなものか。

　外で働く女性は増えてきたとはいえ、まだ珍しい存在であった当時。男性の側も、女性が目につくところで働いているというだけで、つい興奮してしまったものと思われます。接し慣れない職業婦人に劣情をそそられる男性は、少なくなかったのです。

　大正末期から昭和初期にかけてはカフェーという業態が流行していましたが、カフェーの女給もまた、職業婦人の一員です。大正十三年から連載された、谷崎潤一郎《たにざきじゅんいちろう》の『痴人の愛』に登場するナオミはカフェーの女給でしたが、あのような小説もまた、職業婦人から漂う性の匂《にお》いを強めたことでしょう。

　前出の「婦人画報」の華族女性座談会においては、処女達が自由に軽くなっていく背景には、

「菊池（注・寛）さんや谷崎さんあたりの作には随分感化されましょう」

という意見も。当時は、小説を好む文学少女も、ふしだらな不良のように捉《とら》えられがちでした。さらに付け加えるならば、人見《ひとみ》絹枝《きぬえ》などスポーツをする女性も、この頃から目立つようになってきたのですが、「婦人画報」の座談会では、

「(女のスポーツ選手は)男の選手より一そ誘惑が多いでしょうから余程しっかりしなければならぬと思います」

と、その性的な部分で心配されている。読書もスポーツも仕事も、とにかく従来と異なることをする女性達は皆、その貞操意識に疑いを持たれていたのです。

職業婦人に話を戻せば、『痴人の愛』が連載され始めた年にはもう一つ、職業婦人の評判を貶《おと》しめる事件が発生しました。事件の舞台は、その前年に完成した丸ノ内ビルヂング、すなわち丸ビルです。

関東大震災よりも七ヶ月ほど前に出来た丸ビルは、当時の日本では最大のビル。関東大震災でも、大きな被害は出ませんでした。オフィスビルの下層階にショッピングアーケードがあるという構造は日本初であり、時代の最先端を行く、おしゃれな場所だったのです。

そんな丸ビルで働く女性達は、職業婦人の中でもやはり最先端だったわけですが、そこで一大スキャンダルが勃発しました。丸ビルでタイピストとして働いていた林《はやし》き

み子という女性が、丸ビルで働く女性等で「ハート団」という不良グループを結成。彼女達に売春や恐喝等をさせていたことが発覚したのです。

林きみ子は丸ビル一の美人とも言われ、かつハート団のボスとして「ジャンダークのおきみ」と異名をとる存在。そんな美人が主人公のスキャンダルは、丸ビルで働く女性達の評判をも落としました。

大正十四年（一九二五）四月の「婦人公論」は、一冊丸ごと、丸ビル特集。この時代、丸ビルが日本で最もホットな地であったことがわかる内容なのですが、ホットであると同時に、魔窟《まくつ》のような印象も世間の人々には持たれていたようです。

たとえば、ロシア人と日本人のハーフである作家の大泉黒石《おおいずみこくせき》は同号において、ジャンダークのおきみとハート団について、

「あの職業婦人連がそうなのかい？」

「そうだよ。窃盗《せっとう》。美人局《つつもたせ》。脅喝《きょうかつ》。詐偽《さぎ》。そんな腕のないものは淫売一式と、こうきまってラ」

といった会話を友人と交わした、と記しています。さらにその友人は、「此《こ》の村（注・丸ノ内の意）に塊っている広大さまざまなビルディングの中に働いている女の半数はプロスチチュウト（注・売春婦）だなんて言われるほど猛烈なんだから」とも

語ったとのこと。

丸ノ内で働く職業婦人の半分が売春婦、などと噂《うわさ》されるほどに、ジャンダークのおきみ事件は、衝撃的でした。その頃は「丸ビルに処女なし」とまで言われたのであり、職業婦人＝性的にゆるい、という印象は、ますます強まることとなったのです。

もちろん丸ビルで働いていた職業婦人にも、真面目《まじめ》な人はいたでしょう。ジャンダークのおきみ事件の風評被害に苦しむ丸ビル婦人達は、「婦人公論」丸ビル号において、反論を展開しています。

たとえばある商店に勤務する女性は、「丸ビル女といえば所謂ジャンダークのお君と云ったような妖婦《ようふ》型の女」だとひとくくりにしてしまうのはあまりにも冷酷な見方である、と抗議。「職業婦人と云ったような冷かな概念」を超越するべく、ひたすら真摯《しんし》に仕事に励む女性が丸ビルにはたくさんいるのだ、と。

「職業婦人」という言葉が一種の差別語として使用される傾向は、昭和になっても続きました。エロ・グロ・ナンセンスの時代となり、職業婦人と性の問題も、人々にとっては格好の噂の種となったのです。

この時代に見えてきたのは、「働いて喰う女」と、「貞操で喰う女」の二分化です。結婚前は処女を守り、結婚相手に処女を謹呈した後は、夫のために操を守る。……という従来型の女性は、経済力の代わりに「身持ち」によって生きていました。貞操を守ることは、山川菊栄も語ったように、女性にとって生きる手段だったのです。

一方の職業婦人は、非職業婦人よりも貞操観念が発達していないとされました。それは、「外に出ることによって男性の目につきやすいから」とか、「外で仕事をすることによって、精神的にスレてしまうから」といった見方もありましょう。が、その背景には、「働いて経済力を得たが故《ゆえ》に、貞操で喰わなくてもよくなった」という事情も、ありはしまいか。

この時代の職業婦人は、そう多くの俸給を得ていたわけではなく、ごく限られた職にしか就くことができませんでした。しかし貞操だけが資本、という女性と比べると、その精神における自由度は違っていたことが想像できるのです。

女性が皆、貞操で喰っているわけではなくなってきたこの時代、貞操の価値の下落という現象が、起こっていました。貞操の蹂躙《じゅうりん》をめぐる裁判において、支払われる慰謝料の金額が、低くなってきたというのです。

昭和五年の「婦人サロン」には、「男女貞操蹂躙訴訟事件の新傾向」という記事が載っています。この記事によると、数年前よりも貞操訴訟は激増していて、そのせいで貞操の価値が下落している、とのこと。

さらには、「エロ時代の尖端《せんたん》を行く若い男女」や「プロレタリア」の間では、貞操にまつわるような訴訟は無いのに対して、ブルジョア家庭や保守的な家族の娘など、「一般女性の間に貞操に対する自覚が高まりつつある」のだと、ここでは判断されています。

一昔前、貞操蹂躙に対する慰謝料は一万円を超えていたのが、この記事が出た当時は、せいぜい五百円ないし千円になったとのこと。貞操価値は、十分の一以下に暴落したのです。

職業別の慰謝料相場も記されているのですが、芸妓、下宿屋の娘、商家の娘など、後ろ盾がいる立場の女性は三千円程度と、高め。看護婦、女中、女教師といった、女一人で頑張っている職業の人は五百円と、安め。農家の女性に至っては百円と、最低ランクです。

その五年後、昭和十年（一九三五）の「改造」にも、「刑事裁判より見た　貞操価値の下落」という記事が載っていました。ここでは、貞操蹂躙に基づく慰謝料請求が減少している、とあります。なぜ減っているかといえば、「貞操に対する観念が一般に薄らいで来た結果」であり、「自己の貞操を蹂躙されても別に大して問題にもしない」女性が増えてきたからだとされています。「文化が発達し社会生活が複雑化するに従って女子の貞操観念が薄」らいでいくのは当然で、それは日本に限ったことではない、と。

五年前の「婦人サロン」では、五百円ないし千円であった慰謝料は、この頃になると平均で二百五十円程度。女中、女工、女給といった職業の場合は、百五十円から百円。主人に暴行されたとある女中は、五百円を請求しながら判決は五十円になっていたということで、「今から幾十年かの後には女子の貞操も無価値なものになるのではないか」という心配がなされています。

今の日本の状況を見てみれば、「貞操が無価値なものになるのではないか」という心配は、当たらずといえど遠からじ。しかし「貞操」の意味合いが、昭和初期と現在とでは、大きく違ってきているのです。

貞操を守ること以外にも、生きる術《すべ》を見《み》出《いだ》すようになってきた、昭和初期の日本女性達。彼女達は、日本の男性よりも先に、処女膜を超越しはじめたと言えそうです。

貞操意識の二極化、そして「エス」

「私の貞操は道徳でない、私の貞操は趣味である、信仰である、潔癖である」
との文章を与謝野晶子が「太陽」に書いたのは、大正四年（一九一五）のこと。

それから十四年後、昭和四年（一九二九）の「婦人公論」に、与謝野晶子はまた、「貞操趣味論」という文章を寄せています。理屈や倫理によるものではなく、「大事だから大事なのだ」という彼女の感覚は、微塵《みじん》も揺らいでいません。

時に晶子、五十一歳。「貞操趣味論」が十四年前と異なるのは、「現代ほど遍《あまね》く貞操の守られている時代はない」と、貞操意識の広まりを晶子が評価しているところです。かつて晶子は、地方の性道徳は乱れているので、処女を保ちたいのならむしろ都会の方がマシ、といったことを書いていましたが、「今日では農村の処女の多く——殆ど全部が結婚前の純貞《じゅんてい》を保有しているのみならず男子にも結婚まで童貞を破らない者が多くなった」と、満足しているのです。

「人間の性情は過去より次第に醇化《じゅんか》されて来た。更にその未来の開展は大《おおい》に楽観していいと考える」とも書く、晶子。当時は、モボ・モガが跳梁《ちょうりょう》し、エロ・グロ・ナンセンスが流行《はや》っていた時代ですが、そのような傾向については、「一部少数の男女のこと」でしかない、と問題にはしていません。例外はいつの時代でもいるが、大多数の人は真面目である、というのが晶子の意見です。

とはいえ、貞操を堅固に守る人々がいる一方で、性的に奔放な男女も確実に増加していた、この時代。その現象を菊池寛は、昭和五年（一九三〇）の「婦人公論」において分析しています。昭和という新しい元号になってしばらく経《た》ち、新しい感覚を持った女性達が登場してきたということで、この号では「昭和娘気質」という特集が組まれているのですが、その中で菊池寛は、昭和娘達の貞操観念は大きく二分されるようになった、とするのでした。

それはすなわち「貞操を益々《ますます》重大視して、結婚まではどんなことがあっても貞操を、固守してゆく」という人と、「処女性などはたいしたものでないとして、貞操を軽く扱う」という人。中途半端《はんぱ》な貞操観念の娘はいなくなり、どちらかになってきた、とのことなのです。

確かに当時、与謝野晶子が喜んでいたように、一般的な若い女性は、「結婚するまでは処女を死守」と思っていました。「処女を失ってしまったがどうすればよいか」「自分が処女であることを、どうすれば結婚相手に証明できるか」といった人生相談も、相変わらず新聞や雑誌にしばしば載っています。

横溝正史《よこみぞせいし》の『本陣殺人事件』は、昭和十二年（一九三七）頃の岡山の旧家を舞台にした作品であり、新婚初夜に新郎新婦が共に死んでいた、という事件が物語の発端。ネタバレになりますが、その事件の原因となったのは、「新婦が処女ではなかった」ことでした。結婚相手が非処女であることを知った新郎が、怒って新婦を殺害した後に自殺した、というのが事件の真相だったのです。

横溝正史は明治三十五年（一九〇二）に生まれ、戦時中に岡山へ疎開《そかい》。この作品を書いたのは、戦後のことです。素封家《そほうか》においては、非処女の嫁が来るということが深刻な恥辱になるということを、疎開中に横溝は感じていたのではないか。

ちなみに殺されてしまった新婦は教師、つまり職業婦人でした。この小説は、当時の職業婦人に対する貞操面における不信感も、漂わせるのです。

このように昭和初期、普通の女性達が生きていく上では、時に命を賭《か》けてでも守らなくてはならないものだった、貞操。しかしその手の女性がいる一方で、貞操がゆるいとされた職業婦人や、モダンガールの姿も存在したのです。

大正末期にモダンガールが登場した頃は、十数年前に世を賑《にぎ》わした「新しい女」をも思い起こさせる新鮮な存在として見られていました。しかし昭和になるにつれてその評判が落ちていったのは、前章でもご紹介した通り。

かつて「新しい女」の旗振り役であった平塚らいてうも、「かくあるべきモダンガアル」（「婦人公論」昭和二年、一九二七）の中で、当初はモダンガールに対して「新しい女のまな娘」として期待していた、と書いています。しかし昭和のモダンガールは「男性の官能の対象としての女性」像を体現するだけ。新しい女のように、女性を解放しようという思想も行動も見られない、と嘆いています。

らいてうのみならず、世間からの評判も悪かった昭和のモダンガールですが、彼女達は「新しい女」とはまた違う新しい感覚を持っていました。西洋から入ってきた純潔思想が定着して以降、「男性の官能の対象になりたい」という感覚を久しぶりに取り戻したのが、モダンガールだったのではないか。江戸時代まで庶民が持っていた性的な自由さが、ここに復活したのです。

貞操を極端に守るタイプと、極端に守らないタイプとに二分化していたのは、独身女性だけではありません。既婚女性の間でも、夫に対する操を守る人と、そうでない人の二分化が進んでいました。

その傾向は、大正時代から見られたと言えましょう。柳原白蓮《やなぎわらびゃくれん》の出奔事件、有島武《ありしまたけ》郎《お》と既婚の女性記者との心中といった事件は大きな話題となり、既婚女性は家庭で耐え忍ぶだけの存在ではない、という認識が強まりました。

昭和になっても、その手の事件は続きます。美男のオペラ歌手・藤原義江《ふじわらよしえ》と医師の夫人が不倫関係となり、藤原を追って海外へ出奔するといったスキャンダルなどが、世を賑わせたのです。

当時、「有閑夫人」という流行語も登場していました。池谷信三郎《いけたにしんざぶろう》の小説『有閑夫人』や、「有閑夫人」との邦題がついたアメリカ映画から流行った、この言葉。お金も暇もたっぷりある既婚女性達のご乱行は、「有閑夫人の桃色遊戯」とされたのです。

独身にせよ既婚にせよ、いわゆる「素人」だけれど性的に奔放な女性達が目立つようになった背景には、厳しすぎる貞操観念に対する反発があったように私は思います。「結婚するまでは絶対に処女を守る」、「結婚したら、夫だけに心身を捧《ささ》げる」という意識に縛られることにうんざりした女性達は一定の割合で存在し、彼女達が桃色遊戯に走ったのではないか。

「新しい女」華やかなりし頃の平塚らいてうは、「恋愛なくして貞操なし」という理論を持っていました。夫にだけ身を許していたとて、夫との間に恋愛感情が無い場合は「好きでも無い男と『して』いる」ということで、すなわち「不貞」。
『近代の恋愛観』で大正時代に恋愛ブームを起こした厨川白村も、「婦人が、愛なき結婚関係によって、自己の物質生活の安固を得るが如きは、何と考えても一種の奴隷的売淫生活」と書いています。桃色遊戯に走る有閑夫人も、好きではない夫の性奴隷のように生きる妻も、らいてうや白村から見たらどっこいどっこいの存在だったことでしょう。

同性との恋に走る女性の姿がこの時代に目立つようになったことにも、厳しすぎる貞操観念が影響しているように思います。女学校の生徒達の間では、遊びであれ本気であれ、同性愛関係が盛んに結ばれており、その手の関係は、シスターの頭文字から、「エス」と言われていました。昭和十年（一九三五）には、元銀行頭取の娘と、松竹少女歌劇団のスターが心中未遂するという事件も発生します。

この事件の中で、元銀行頭取の娘は「男装の麗人」と言われていました。この言葉もまた流行語となり、中国で諜報《ちょうほう》活動を行った「東洋のマタ・ハリ」こと川島芳子《かわしまよしこ》や、松竹少女歌劇団で一世を風靡《ふうび》した男役スターの水《みず》の江《え》瀧子《たきこ》も、カリスマティックな「男装の麗人」だったのです。

女性達が男装の麗人に心を奪われたのは、女を奴隷視する男に希望を持つことができなかった、という理由もありましょう。さらには、「男とは、したくてもできないから」という事情も、あったのではないか。

この時代、基本的には男女別学であり、若い男女が生活の中で接する機会はありません。もしあっても、下手に男女交際などしたら女は「傷物」とされ、望ましい結婚ができなくなりますから、多くの女性は異性との交遊を諦《あきら》めていたのではないか。

しかしどれほど男女の隔離政策を取ろうとも、年頃になれば春の目覚めの時期がやってきます。活性化するホルモン、疼《うず》く肉体。その時、近くに好もしい同性がいたならば、そちらになびくのも、無理はありません。エス行為は若い女性にとって、自分の未来を損なう心配なしに心身のムズムズ感を充足させることができる、安全な代替行為だったのではないか。

吉屋《よしや》信子《のぶこ》等による、「エス」ものの少女小説も、当時は大ブームとなっていました。男尊女卑の風潮に嫌悪《けんお》感《かん》を抱く中で、エスの世界を描いたのが、吉屋信子。彼女は昭和十一年（一九三六）に、『処女読本』という随筆を出版しており、吉屋の主なファン層である少女達に向け、生きる上での心構えなどを説いています。

吉屋はこの本の中で、自身のことを「処女の筆者」と書いているのでした。「処女」を「結婚をしていない」という意味で使用したのか「異性との性交経験が無い」という意味で使用したかはわかりませんが、彼女は生涯、男性とは結婚していません。『処女読本』出版の時点では四十歳であり、当時の感覚から言うと結婚しているのが当然の年齢ですが、彼女は同性のパートナーと共に、エスの世界を守り続けて生きていました。

本書の中で熱がこもっているのは、「純潔の意義に就《つ》きて」との章です。吉屋はここで、厨川白村の『近代の恋愛観』に対して、あまりに「卑俗」で「唯物《ゆいぶつ》的」だ、と異を唱えています。特に、

「それ（異性と没交渉である事）はただ血あり肉ある人間をして、強いて木偶たらしめている不自然な駄洒落《だじゃれ》に過ぎぬ。童貞である事によって純潔清浄が保たれると思ったのは、昔の宗教家の迷妄であった」

との一文が、吉屋は気に入らなかった模様。白村は、「性交をしたからといって不純なわけではない」と、もっとくだけて言うなら「恋愛感情があれば性交してもいい」と主張していました。

対して吉屋は純潔を、与謝野晶子と同等もしくはそれ以上に、強く信仰しています。聖母マリアは「地を（肉）を離れ得ぬ悲しき人類が天（霊）への限り無き思慕と憧《あこが》れの象徴」であり、天照大神は「無犯の純潔の永久の処女」。そういった「純潔無垢な

る永遠の童貞に対しての憧憬と崇拝」は、「人類の持つ官能の性的慾求《よっきゅう》から逃れ得ぬ羞恥感《しゅうちかん》」からくるのだ、と熱く書くのです。

与謝野晶子と吉屋信子、処女の純潔に対する信仰の強固さは同じでしたが、その信仰が結びつく先は、違ったようです。晶子は、鉄幹との間に十三人の子を産みました。貞操には厳しい晶子ですが、配偶者との性交および生殖には、積極的だったのです。対して吉屋は、肉欲や性交を、恥ずべき行為だと思っていたようです。「本能がもはや人類にとって絶体（原文ママ）でない」と思う吉屋が目指すのは、「永遠の純潔」。皆が吉屋のような感覚で純潔を守っていたら人類は滅亡してしまいますが、

「おお、然《しか》し、かかる美しい聖《きよ》らかな日のもとに生き得る歓喜！　それこそは人類が何億万年を費して血と涙と幾多の屍《かばね》を踏み越えつつ、執拗《しつよう》なる邪悪本能の支配をついに打ち破って、聖壇へ到達した勝利の日である」

と、意に介さない。

「そのまま人類は滅亡するともなお其処《そこ》に残された人類の足跡の美しさは永遠に滅びぬ不朽の力である意志である」

と、生殖などという瑣末《さまつ》な問題はどうでもいいことになり、むしろ人類滅亡を積極的に目指してさえいるのです。性欲を「邪悪本能」とする吉屋は、純潔原理主義者だ

ったと言えましょう。

吉屋信子の『処女読本』は、少女達にインパクトを与えました。同書では、結婚したら女は「服従と従順と義務と責任」を背負い、「男への快楽を呈上」し続けるという犠牲者としての生涯を送らなくてはならないとされていますが、そのような未来を知る少女達が「永遠の純潔」を理想としたのも、無理はありません。

この時期には、他にも『処女読本』の類《たぐい》を見ることができます。昭和八年（一九三三）の「婦人公論」には、別冊付録として「処女読本」がついていて、医学博士・杉《すぎ》田《た》直樹《なおき》が書いたこの別冊の副題は「若き女性のための性教育」。

独身女性に性の知識など与えては寝た子を起こすようなものであり、ただ純潔であればそれでよし、とされていた当時。結果、結婚してから知識のなさに慌《あわ》てふためくというケースも多発したからこその、「若き女性のための性教育」でした。杉田はこの書を、家庭において「親の前に音読するも顔の赤くなることのないよう」に配慮したと書いていますが、そのせいで「女性〇器」などと記され、かえっていやらしいことになっています。

それはいいとして、杉田は「女よ、先《ま》ず女たれ」という主義。近頃は「女流理想家が男を凌《しの》いで女性の独立のために大気《だいき》焔《えん》を吐いている」けれど、一般の女までそれに乗せられてはならない。女は子を産んで育てるのが宿命。「誠に女一代はつまらぬ宿命をもって生れては来たものだ」と、同情してくれています。

「受胎行為」「処女と処女膜」から「初夜のこと」「新婚の神秘」まで、ここでは細々と解説されていますが、もちろん基本は「女性は結婚生活に入るまでは全く純潔に処女性を保持する事が何よりも重く要求せられる」という姿勢です。若い娘にも性教育は必要、という観点から記された本ではありますが、「女性として初夜から物慣れていたのでは之《これ》も困る。『ショック』を受ける位純潔無垢《むく》なのはむしろ誠に結構」と、自らの嗜好《しこう》をも吐露している杉田。日本女性が現在に至るまで、男性の前では延々と「知らないフリ」「ウブなフリ」をし続けているのは、こういった同胞男性の心理を叩《たた》き込まれすぎているからなのでしょう。

この本では、欧米で盛んになりつつあった優生学の知識も、女性に授けようとしています。「不良素質者同志（原文ママ）の結婚」が多いせいで「不良素質を有する子供」が増加しているのは、困ったもの。結婚する時に相手の家系の遺伝的素質に注意を払うことによって、国民全体の素質を向上させることができよう、と。このような優生学的思想は、これから第二次世界大戦へと向けて、さらに強まっていくことになります。

昭和十二年には、吉屋の『処女読本』の後を追うように、福井《ふくい》才平《さいへい》という医師が『現代処女読本』を刊行しました。やはり純潔や貞操を守ることの大切さを女に説くと同時に、女性の魅力として「太いお臀《しり》と細い腰」「ふくよかな女の乳房」といった項目をあげたり、「成熟した女の肉体」として裸婦像を載せてみたり、男女の性器を図解してみたりと、こちらはエロ本としての機能も担《にな》っていたような気も……。

処女の大切さを説きつつも、処女に対する隠しきれない性的興味をも溢《あふ》れさせていた、当時の男性。そんな雰囲気を察知した女性達が同性愛に走ろうとするのも、当然なことだった気がしてなりません。

「男の貞操」と「永遠の処女」

「永遠の純潔」への信仰が昂《たか》ぶるあまり、人類滅亡も止《や》むなし、とまでの思いを抱いていた吉屋信子は、男性の貞操問題についても、世に問いました。『処女読本』刊行の翌年、昭和十二年（一九三七）に『良人《おっと》の貞操』が出版されると、映画化もされる大ベストセラーとなったのです。

この物語の主人公は、子供のいない若夫婦。夫が、妻の同級生である未亡人と不倫関係に陥ってしまい、その事実が妻にばれて騒動に……というストーリーです。

不倫が妻にばれると、妻は怒りに打ち震えつつ、

「貴方《あなた》――もし私がよその男の人と、そんな事になって、貴方を裏切ったとしたら、どうなさる？」

と、夫に詰め寄るのでした。「そんな事」とはつまり不倫関係という意味ですが、その時に夫は、

「そ、それは、お前姦通《かんつう》罪になるよ」

と答えます。

敗戦後に廃止となるまで、日本には姦通罪が存在していました。これは、不貞行為を働いた既婚女性とその相手に適用されたもの。既婚男性が不倫をしても罪には問われず、またそれを理由に妻の側から離縁を申し出ることもできませんでした。

だからこそ、夫は「姦通罪になるよ」と言ったわけですが、妻が聞きたいのはもちろん、そのような返答ではありません。「君が他の男とそんな関係になったらとうてい耐えられない。そう考えると、何ということを僕はしてしまったのだ」と泣いて謝るべきなのに、「姦通罪になるよ」では、妻の怒りの炎に油を注ぐようなもの。

この部分は、当時の男女の貞操意識の違いを如実《にょじつ》に表していましょう。妻の不貞は、法的にも倫理的にも、決して許されない行為。対して夫の不貞は「ちょっとしたあやまち」程度のことなので、妻は騒ぎ立てずに許すべきだったのです。

この物語において夫は、

「世の中には、公然と妾《めかけ》を幾人も置いて、妾宅《しょうたく》通いをしている男も多いんだ――そのくせ妻には貞操を強いているに相違ない――せめて、それを思って、僕の今度の過失は水に流してくれないか」

と、ちゃっかりした事も言っています。実際、蓄妾行為が珍しいことではなかった当時。女には純潔だと強いておきながら、男の側は自由に楽しむことができた男女の立場の不均衡と、その不均衡に対する男性側の鈍感さを、吉屋信子はあらわにするのでした。

『良人の貞操』において、夫は不倫相手と別れたものの、その後に彼女の妊娠が発覚。妻は夫の不倫相手だった友に、自らの裁量で子供を産ませ、それを自分が育てるという紫の上のような行動に出ます。やがて不倫相手は、別の男性と結婚して海外へ行くことになって一件落着、というこの小説は、通俗的であることは確かですが、夫の女問題に悩む世の女性達の心をがっちりと捉えることになりました。

「婦人公論」昭和十二年四月号では、話題の書『良人の貞操』を踏まえ、吉屋信子を含めた男女三人ずつの文化人で、「『男の貞操』座談会」を開いています。その中で評論家の杉山平助は、女が男に貞操を要求するのは「贅沢沙汰《ぜいたくざた》」だ、と発言するのでした。女房子供を捨てるのはいけないことではあるが、外で遊ぶくらいは許されていた。けれど最近は「それまでやかましくなってきた」と、不満そうです。

婚外セックスを禁止されるなど心外、とする男性に対して、女性参加者は案外、弱腰です。吉屋信子にしても、男性を論破するわけでなく、「男の方が得ね」くらいの感じ。参加者である歌人の今井《いまい》邦子《くにこ》は代議士夫人でもあるのですが、夫の貞操については諦め気味です。女も経済的独立はできるかもしれないけれど、気持ちの独立はできないとし、

「女って気が弱いものね」

と呟《つぶや》き、作家の丹羽《にわ》文雄《ふみお》から、

「そら女が負けた。(笑声)」

と言われているのです。女性文化人であっても、男性に本当に貞操を要求するなど夢物語、と思っていた様子が見て取れます。

女が強くなったり外で働いたりすると、男は萎《な》える。女は弱い存在でいる方が男にとっては可《か》愛《わい》いのであり、家庭も円満。男の貞操については、次世代に期待するしかなかろう、という感じでこの座談会は終始するのですが、そんな中で男性に人気があるのは、「新しき土」という映画の女性主人公です。丹羽文雄は、

「『新しき土』のあの女ね、あれはいいな」

「妻君《さいくん》としては理想」

と、絶賛しています。

「『新しき土』の女」とは誰かといえば、原節子《はらせつこ》のことなのでした。昭和十二年に公

開された「新しき土」は、日独の合作映画。昭和十一年（一九三六）に締結された日独防共協定を踏まえ、日本に対するドイツの理解を深めるべく作られた国策映画です。満州事変に対する非難を浴びて国際連盟を脱退し、国際的な孤立を深めていた日本は当時、ナチスドイツとの距離を縮めていました。

伊丹万作《いたみまんさく》とアーノルド・ファンク、日独の監督がそれぞれのバージョンを作った、この映画。主人公である光子を演じたのが、当時十六歳だった原節子です。

厳格な父の元で、お花やお琴など、「女の道は何一つできないことはない」と言われるまでに仕込まれて育った、光子。親の言いつけには素直に従い、しとやかだけれど芯《しん》は強い、そして美しい女性です。

座談会において、そんな光子を「妻君としては理想」と絶賛する丹羽文雄に対して吉屋信子は、「丹羽さんのような若い人でも『新しき土』の女がいいという」と、落胆しています。丹羽文雄は当時、三十三歳。その年頃の人ですら、「新しき土」の女を好もしく思うのであれば、女がひたすら男に尽くすという日本の結婚スタイルを変えることなど、到底不可能、と吉屋は思っているのです。

映画の中で、光子にはドイツに留学している婚約者がいます。しかし留学から戻った婚約者はドイツ人の恋人を伴っており、親が決めた結婚などしたくない、と婚約破棄を申し出るではありませんか。それを知った光子は、花嫁衣装を手に、自らの命を絶とうと、火山の火口へ。

付き合ってもいない相手との婚約破棄で自殺、それも火山で、という行動は、今の感覚から言うと突飛に思われますが、当時は何かと言うとすぐに人が死ぬ、自殺ブームが続いていた時代。特に、昭和八年（一九三三）に、女学生が伊豆大島の三原山の火口に飛び込み、その現場に同級生が立ち会っていたという衝撃的な事件が発生してからというもの、次々と若者達が三原山で自殺をするようになったのであり、火口に飛び込むというのは、時流に乗った行為だったのです。

自殺の手段は流行の先端ですが、しかし光子はあくまで保守的な、日本の女です。婚約が破棄されて死を選ぶのも、自分と親の名誉が傷つけられたことに、深く傷ついたからでしょう。

光子は処女を失ったわけではありませんでしたが、当時は「処女」を守ることは、命より大切であったようです。無理に処女を奪われそうになったなら、女は「命を捨ててでも抵抗するべき」という意見が、しばしば見られるのです。結婚前の女にとっての名誉であり誇りである処女を奪われるなら死んだ方がまし、というわけで、「生きて虜囚《りょしゅう》の辱《はずかし》めを受けず」との戦陣訓と、似た感覚なのかも。

たとえば、今の東京女子医大の一期生で、のちに国会議員ともなる医師の竹内茂代《たけうちしげよ》は、昭和十年（一九三五）の「婦人画報」において「結婚前に処女を失った場合」という文章を書いています。ここで、たとえ強姦されても「已《や》むを得なかった」などと言うべきではない、と書く竹内。「命にかえても守るという決心さえあれば、易々《やすやす》と貞操を破られることはないものです。処女が貞操を破られるのは、身体ではなく心が弱いのです」とあるのでした。

竹内は医師らしく、「婦人の骨盤筋肉と大腿《だいたい》の筋肉の力は非常に強い」のであるからして、「ほんとうに力一ぱい引緊《ひきし》めていて、ズロース一つしていれば」、陵辱されることなどないのだ、とも書いています。

ここでズロースの問題に少し触れますと、竹内がこのように書くということは、ズロースすなわち女性器部分を覆《おお》う西洋式の下着をはく女性が、当時はまだ多数派ではなかったことを示しています。ズロースをはかずに女性器が容易に顕《あらわ》になる状態は危険極まりなく、ズロースをはくことが貞操を守ることにつながるとも考えられていたのです。

井上章一《いのうえしょういち》著『パンツが見える。』では、女性器を覆う形の下着の着用を女性に勧める言説は明治時代から見られたことが書かれていました。あの「女学雑誌」には、モモヒキは股《こ》間《かん》の冷えを防ぐのみならず、「貞節の用心にもなりましょう」とも記されていた、と。

しかし、モモヒキやズロースを女性が身につける習慣は、容易には広がりませんでした。大正十二年（一九二三）の関東大震災後に、着用を呼びかける声が高まっても、着用者が激増するわけではなかったのです。

それが「一九三〇年代後半から、パンツをはく習慣が定着しだした」のだそう。洋装の普及、そして戦時下においてはモンペ着用が奨励されたことも、パンツの普及に弾みをつけたようです。

ということは、竹内の文章が世に出たのは、まさにズロースがこれから普及しようとしていた時代。昭和十年の「主婦之友」六月号での「女中さんの貞操を護《まも》れ!!」という座談会においても、女中さんが勤務先の家の主人から身を守るには「必ずヅロースを穿《は》くこと」や「万一の場合は、命に代えても貞操を護ること」が大切だ、と語られています。ズロースの着用と、「死んでも貞操を護る」という覚悟は、ワンセット。女性が働きに出る場合、貞操帯としてのズロースを着用し、「貞操の危機にあっては命を捨てる」という覚悟を持たなければ、身持ちの悪い女とされたのです。

このように、「死んでも貞操を守れ」という意見は当時、珍しくないものでした。

現代でも、強姦の被害女性に対して「もっと抵抗することが可能だったのでは？」などと言われるケースがままあることを思えば、「やすやすと犯される方にも落ち度がある」との意識は、昔も今も変っていないのです。

昭和十二年の「主婦之友」五月号での「婦人の貞操悲劇を解決する座談会」では、薪《たきぎ》を拾っている時に女性が暴漢に襲われ、持っている鎌《かま》で反撃したら相手が死んでしまった、というケースが紹介されています。このことについては、

「それくらい強い行為を執るだけの覚悟があることは必要ですね」

と賞賛されているのでした。女性がひとたび貞操を狙《ねら》われたなら、このように殺すか殺されるかという気持ちで相対する必要があったのです。

同座談会では、吉屋信子の『良人の貞操』についても触れられ、男の貞操まで取りざたされる日本の夫婦の貞操観念はどこの国よりも強いのだ、と出席者達は自賛しています。特に日本女性の貞操について、作家の横光利《よこみつり》一《いち》は、

「女の人の貞操観念の強いということは、日本の宝ですね。これ以上の国宝はないですよ」

と、手放しで喜んでいるのでした。

〝「新しき土」の女〟こと原節子も、そのような国宝級の貞操観念を想起させる存在

だったものと思われます。光子は既に、婚約者に我が身を捧げた気持ちでいました。婚約が破棄されたからといって、別の男とおいそれと結婚などできるはずもない。だからこそ彼女は死を選んだわけで、それは貞女の行為です。

ドイツ版のタイトルは「侍の娘」となっているこの映画。男の言いつけに逆らうことを知らない美しい娘という光子の存在が、丹羽文雄をして「あれはいいな」と言わしめたのです。

光子の自殺は、しかし未遂に終わります。改心した婚約者が光子を追いかけて行き、すんでのところで救出。最後のシーンでは、夫婦となった二人が共に田畑で働いているのでした。結婚前は美しい着物姿だった光子は、野良着《のらぎ》で土を耕し、既に赤子も産んでいる様子です。

二人が耕しているのは、満州の大地でした。結婚して満州に渡り、「新しき土」を拓《ひら》いていたのです。満州という「新しき土」と、光子という清い女が重なるかのようなそのシーンは、光子がこれからも、夫や国に従順に拓かれつつ生きるであろうことを予想させるエンディングなのでした。

この映画は、ドイツ国民に対しては日本人の国民性や日本の風物を紹介する役割を持っており、ドイツでもヒットしたようです。日本人に対しては、満州という「新しき士」を拓くことへの希望を抱かせる役割を担ったのであり、日本においてもたいそう評判を呼んだ模様。

原節子は、この映画によってブレイクしました。生涯結婚をせずに「永遠の処女」と言われた彼女ですが、「新しき士」の頃から、日本人男性達にとっての理想の処女としてのイメージは、育《はぐく》まれていたのです。

と言うよりも彼女のイメージは、デビューの時から「処女」とともにあったようです。四方田《よもた》犬彦《いぬひこ》著『李《り》香蘭《こうらん》と原節子』には、原節子の処女イメージがいかに形成されたかが記されていますが、それは昭和八年に日本で大ヒットした「制服の処女」というドイツ映画に端を発しているようです。孤児の少女が寄宿舎で美しい女教師に憧れる、というこの映画の大流行については、同書で「吉屋信子から中原《なかはら》淳一《じゅんいち》に至る当時の女学生文化のなかで理解されなければならない」とされています。

吉屋信子も、大正九年（一九二〇）に『屋根裏の二処女《ふたおとめ》』という、やはり寄宿舎を舞台とした少女小説を書いていることを考えると、「制服の処女」は、処女の世界の中から出ることへの忌避感を持つ日本の処女達にも、おおいに響いたのではないか。

ドイツ映画「制服の処女」のヒットにより、「制服の処女」という言葉自体も、日本では流行語となりました。そして原節子は、デビューの翌年である昭和十一年に、

「制服の処女」の日本版リメイクである「嫁入り前の娘達」に出演し、「まさしくセーラー服の処女を演じた」のです。

原節子は、かくして理想の処女を演じる女優として、世に出ました。「嫁入り前の娘達」前後に演じたのも皆、清楚《せいそ》で従順な少女の役。生涯独身を貫くという未来がまだわからぬうちから、彼女は色濃い処女イメージと共にあったのです。

日本が戦争へと歩みを進める中で、「処女」の存在とその言葉の響きは、特別なものになっていったのかもしれません。国が戦争へと向かう一方で、大衆文化は爛熟《らんじゅく》し、女性達が自由に動き出そうともしていた、当時の日本。性的魅力をアピールする女性や、男勝りに働く女性等が目立つようになったからこそ、男を知らず、男に従順な処女像に光が当たるようになってきたのではないか。

その後も、戦争という〝男の仕事〟が遂行されていった、日本。その中で原節子の清純で従順な処女イメージは、さらに重用されるようになっていくのでした。

「する自由」と「しない自由」の消滅

第二次世界大戦の始まる前、「新しき土」「嫁入り前の娘達」といった映画において、日本が理想とする処女を演じた原節子。戦争が始まると、「銃後にあって若き兵士たちを見守り、彼らを戦線へと送り出す姉や新妻の役を演じ続け」ました（『李香蘭と原節子』四方田犬彦）。

「永遠の処女」と言われるようになった後も原節子は、日本が理想とする女性像を、映画の中で演じ続けていたようです。原節子自身の年齢によって、そして日本という国の立場によって役柄は変われど、性的に奔放であったり、男勝りであったりというキャラクターは、ついぞ演じることはありませんでした。

映画の中の原節子を範とせよ、という空気を感じていたであろう戦争中の市井《しせい》の処女達は、しかしいつまでも処女であり続けることは許されませんでした。彼女達は、「できるだけ早く処女から卒業しろ」

と、常に国から迫りたてられている状態にありました。それはもちろん、恋愛やセックスを愉《たの》しめという意ではなく、「子を産め」と尻《しり》を叩かれていたということ。できれば女性がセックス無しに妊娠・出産してくれたなら、国としてはもっと嬉《うれ》しかったのではないかという気もしますが、とにかく早く結婚して子を産むことが求められたのです。

「新しき土」では、無垢な処女である原節子が、婚約者から婚約の破棄を告げられて自殺を図りますが、改心した婚約者が助けに行った次のシーンではもう、二人は満州で赤子と共に農作業に勤《いそ》しんでいます。「無垢な処女」の状態からすぐ、子持ちの状態に移行しているわけで、同じような役割を、一般の処女達も期待されていたのではないか。

戦時下、国民の生き方は国が決めていました。若い男性は兵隊に行き、若い女性は未来の兵隊となる子供を産むことによって、国に報いることが求められたのです。

国から「セックスをせよ」と求められ、セックスの目的も、国によって限定されたその時代。昭和十七年（一九四二）十二月号の「婦人公論」では、「大東亜戦争一周年に際して再び御大詔に誓い奉《たてまつ》る」として、座談会が行われています。出席者は、陸軍、海軍大佐の二名と新聞社の男性二名という、およそ婦人雑誌らしくない顔ぶれ。

戦争中のメディアが国の強い影響下にあったことを感じさせますが、そこで陸軍報道部長の谷《や》萩《はぎ》大佐は、子供を増やすことの重要性を訴え、

「人を増すのでも享楽《きょうらく》や冗談ではない。念には念を入れて性の営み夫婦の聖業をなさねばならぬ。粗製濫造《らんぞう》では困る」

と語っています。

軍人にセックスの心構えを説かれたくない、と批判する自由は、当時の人にはありません。恋愛の到達点としてのセックスや、性的快楽を追求するセックスなどは、無駄撃ちでしかない。質の良い人的資源を生産するために、「念には念を入れて」性の営みに臨むことが求められたのです。

とはいえ「とにかく子を産め」という姿勢に反発を覚える人は、たくさんいました。「婦人公論」昭和十八年（一九四三）七月号の「健全なる結婚」というテーマの座談会では、「まるで自分達を子供を産む機械のように思われるのは怪《け》しからぬ」という思いを抱く女性も多かったことが語られています。国からの「セックスして出産しろ」との命に、唯々《いい》諾々《だくだく》と従う人ばかりではなかったのです。

しかし座談会出席者達は、そういった若い女性の感覚にはピンときていない様子で、「戦争に負ける方がもっと惨《みじ》めだろう」「結婚は民族の母体だということを若い女性に

わからせなくては」という姿勢。最も個人的な行為であるセックスが、国や世間の管理下に置かれていました。

こういった感覚は、盧溝橋《ろこうきょう》事件が起きて日中戦争が始まった昭和十二年（一九三七）頃から、既に存在しています。この年には国民精神総動員実施要綱が決定され、日本国民は、自己は捨てて国の為《ため》に尽くすことが要求されるようになりました。

昭和十五年（一九四〇）には、国民優生法が成立。「悪質なる遺伝性疾患の素質を有する者の増加を防遏《ぼうあつ》すると共に健全なる素質を有する者の増加を図り以《もっ》て国民素質の向上を期すること」が、目的とされています。

同時期には、「結婚十訓」なるものも発表されています。「心身共に健康な人を選べ」「悪い遺伝のない人を選べ」「なるべく早く結婚せよ」といった、「良質な子供を、できるだけたくさん」という国の願望がにじむ、この十訓。その最後を締めるのが、

「産めよ育てよ国の為」

であり、これが「産めよ殖《ふ》やせよ」という今の少子化対策にもトラウマを残すコピーのベースとなったのでした。

昭和十六年（一九四一）には、日本の人口の増加と質の向上を目指して、「人口政策確立要綱」が閣議決定されました。これは別名「結婚対策確立要綱」ともいい、

「東亜共栄圏を建設して其の悠久にして健全なる発展を図るは皇国の使命」として人口を増やすべく、制定されたもの。

ここでは「今後の十年間に婚姻年齢を現在に比し概《おおむ》ね三年早むると共に一夫婦の出生数平均五児に達すること」を目標としています。具体的には、男子は二十五歳、女子は二十一歳で結婚することが望ましいとされていました。当時は、国が推奨する行為には何でも「報国」という文字がついてスローガン化されましたが、結婚もまた「結婚報国」として、国のためにするものとなったのです。

昭和の初期まで、エロだのグロだの有閑夫人の桃色遊戯だのといったことが話題になった日本でしたが、日中戦争の頃から、このように女性の自由度が著しく低下していくのでした。ただ「子を増やすため」のみならず、好き放題やっている女を戦争に乗じて懲《こ》らしめようという感覚も、そこにはあった気がしてなりません。「この二十年間、日本の女のなまり方はひどかった。戦争は、日本の女に焼きを入れ直す天意なのだ」といった言説も見られたのです。

「婦人公論」の昭和十三年（一九三八）十月号「戦時下の結婚座談会」には、当時東京電燈《でんとう》（東京電力の前身）の社長だった小林一三《こばやしいちぞう》、文化学院校長の西村伊作《にしむらいさく》、大妻《おおつま》高等女学校の校長の大妻コタカ等が参加していますが、ここでは自由結婚（＝恋愛結婚）はやはり駄目、媒酌《ばいしゃく》結婚をするべきだ、という意見が多数派です。男女同権思想に対しても、東京家政学院長の大江《おおえ》スミは、「良人も奥さんも同権だと云《い》って意見を主張したいならば始めから結婚為《な》さらない方がいい」と切り捨てます。

女性を取り巻く状況は、急速に巻き戻されようとしていました。さすがに文化学院の西村は、「女性は家事をするだけでなく、夫を導いてあげることも必要」といった話をしますが、小林一三は「そんな女を欲する男はいない」と、つまりは「女は高い見識など持たなくてよいのだ」という感覚です。

前章でも登場した医師の竹内茂代は、この座談会において「傷病兵に嫁ぎなさい、と若い人に言いたい」と、語っています。「傷病兵の方は実に体がいい」し、「仮令《たとい》脚は義足であっても根本がいい」のだから「そういう人を父として大いに第二の国民の体質の向上をはからねばならぬ」と、力説。小林も「看護婦にお嫁になって貰《もら》うのが一番いいですね」とのこと。

大陸花嫁、すなわち満州へ移住した人と結婚する女性の問題にも、竹内は熱心です。大陸花嫁は、満州国の祖先となる人であるから十分に人選するべきであり、「感化院に居《お》ったような」「素質の悪い人」は絶対に送ってはならないのだ、と。

同年十二月号の「婦人公論」でも、大妻コタカが大陸花嫁の条件として「心身共に健康な人、美は第二」「夫に同化し環境に順応し、共存共栄を心から悦《よろこ》び得る人」「満《まん》洲《しゅう》の土となるの覚悟ある女性」といったものを挙げています。「美は第二」の大陸花嫁にしては美しすぎるきらいはありますが、「新しき土」の原節子が脳裏に浮かぶ条件であると言えましょう。

「傷病兵と結婚するべき」というのは、竹内の個人的な感覚ではありません。同年には愛国婦人会（戦死者の遺族、傷痍《しょうい》軍人の救護を目的とした婦人団体）が、「傷痍軍人配偶者斡旋《あっせん》内規」を制定。多くの婦人雑誌に、傷痍軍人と結婚した女性達の手記が、美談としてしばしば掲載されました。

国としては、若い女性が産む機械であるなら、男性は原材料ということになります。若い男性が国内に不足する中、傷痍軍人は良質な原材料を提供できる貴重な存在。下手に情に訴えることをせず、「体はいいのだから結婚しろ」と語る竹内は、医師らしい率直さを持っていたことになります。

昭和十五年三月号の「主婦之友」には、「将兵の処女妻となった山口軍曹夫人の手記」という記事が載っていました。戦争によって腰から下の機能が失われた、ということは性行為も不可能な山口軍曹に、それと知って嫁いだ妻が「処女妻」と表現されたのです。

山口軍曹は、子作りで報国をすることはできません。しかし彼に優しい気持ちでよりそう妻がいることを示すことによって、「傷痍軍人と結婚しましょう」キャンペーンの一助にはなったはず。生涯処女で終わってもいいから国の為に戦った兵士に尽くしたい、という〝処女妻〟の姿勢は、「婦徳」という言葉を久しぶりに必要とするようになった日本において、大いに響いたものと思われます。

昔ながらの儒教的婦徳を復活させれば、女性の個人としての自由は制限され、たくさんの子供が生まれるであろう。……という雰囲気の中で、「できるだけたくさんの子供を産んでほしい」という意識と、婦徳の意識とが対立する場面も、あったようです。

昭和十八年十月号の「婦人公論」に、金子《かねこ》鷹之助《たかのすけ》という歴史家が「『顧《かえり》みはせじ』の精神」との文章を寄せています。そこには、夫が戦死したならば、

「未亡人は他の男子を英霊の報国再生と観じて、再婚し、内助の功を建て、また子供を育つべきだと考えます」

とあります。「未亡人にとって、亡夫のみを思いつめ、二夫に見《まみ》えないことは、個人心理としては清浄を保ち得ましょうが、一人でも多く人口を要する国家社会より見て、それはあまり得手《えて》勝手《かって》ではありますまいか」と。

当時の事情を考えれば、それは国の思いにかなった文章のように思えます。しかしこの文章は陸軍の怒りを買い、翌月号には、金子と編集部による、文章の取り消しと謝罪が掲載されました。のみならず「婦人公論」は、用紙割り当てを減らされるという処分を受けたのです。

「二夫に見えず」と「産めよ殖やせよ」を天秤《てんびん》にかけると、どうやら前者の方が重かった模様。厚生省では、昭和十四年（一九三九）に戦争未亡人の相談に乗る指導員を置きましたが、その時の指導方針は、「再婚は35〜36歳までなら可、ただし極力国家に身命を捧げた主人の英霊を守ることが日本婦人の理想」とされていたのです。

夫が戦死した女性の再婚まで制限されたということは、夫が出征中の女性が他の男と関係を持つことは、当然ながらご法度《はっと》でした。子さえ増えればいいのであれば、夫が出征中の妻は「空き腹」ですから、他の男の種で子を産むこともできたはず。しかし婦人雑誌などでは、「銃後の妻は貞操を守って、戦地の夫が安心して戦うことができるようにせよ」とのキャンペーンも行われていました。

「二夫に見えず」の貞潔思想の方が、子を増やすことよりも重要であったという事実は、意外に思えます。しかしそれは、日本が私欲の為でなく、日本民族の崇高な精神の為に戦争をしていると信じ続けるためには、必要な姿勢だったのかもしれません。

既にお馴染《なじ》みの竹内茂代は「新『結婚適齢期』論　晩婚の弊と早婚の必要」（「婦人公論」昭和十四年九月号）において、皇軍が強いのは、「日本民族としての民族意識に基《もとづ》く精神的要素」のたまもの、と書いています。そのためには「日本民族の純血を保つ」ことが必要であり、銃後の守りや勤労奉仕も大事だが、日本人の子を産むことが、日本の婦人にとっては一番の国への奉仕となるのだ、と。

戦争中、アジアの各地を侵略した日本ですが、現地女性との「混血」は、国の好むところではありませんでした。日本民族の「純血」を保つために、日本の若い女性が満州などの侵略地まで赴き、現地に住む日本人男性と結婚して子供を産むことによって、「混血」を防止する必要があったのです。

今を生きる私達は、そのような事情を知るにつれ、日本における「純潔」「貞操」の意味に思い至ります。すなわち当時の女性にとっては、自己の性の決定権を放棄することが、「純潔」であり「貞操」だった。セックスをするタイミングも、目的も、そして場所も国と男性に任せ切って初めて、日本女性はよしとされたのであり、「する自由」も「しない自由」も、そこには無かったのです。

昭和二十年（一九四五）一月号の「主婦之友」には、「この本性を見よ！　毒獣アメリカ女」（安田《やすだ》源四《げんし》郎《ろう》）という文章が載っています。既に戦況は悪く、ヤケクソ気味の記事が多い中でも目を引くこの文章には、アメリカ生活が長かった筆者による、アメリカ女に対する怨嗟《えんさ》が満ちています。

曰《いわ》く、アメリカの少女は皆、映画スターに憧れるが、スターなどというものは「性慾と食慾と物質慾との、あくことを知らぬ享楽」にまみれており、「女性の純潔の貴さ、精神の高さなどは、考えることさえ知らぬ動物そのものの生活」を送っている、と。アメリカのスター像は、原節子とは正反対なのです。

「淫乱《いんらん》、酷薄、悪虐《あくぎゃく》、非道、あらゆる形容を超えた毒獣アメリカ女！ その畜生道の繁栄のために、日本人を殺せとわめき、全世界をわがものにすべしと男の尻を押しまくっておる」のであり、だからこそ日本の女は「純潔」を大切にしろ、とされているのでした。日本男児には、性の決定権を我が物にするアメリカ女が、毒獣に見えたのです。

ここで私は、向田邦子《むこうだくにこ》の長編小説『あ・うん』の、ラストシーンを思い出すのでした。水田仙吉と門倉修造という二人の中年男性の友情を描いたこの小説の舞台は、開戦を控えた東京。水田夫妻の一人娘であるさと子の想《おも》い人である義彦は、特高警察に睨《にら》まれています。そんな中で義彦が召集令状を受け取ったことの報告のため、水田家を訪問。呆然《ぼうぜん》とするさと子に、家に来ていた門倉は、「早く、追っかけてゆきなさい」

「今晩は、帰ってこなくてもいい」と言うのでした。義彦を追い、転がるようにかけ出していく、さと子。

特高に目をつけられて出征した者は生きて帰ることができない、と言われていた当時。門倉は、

「さと子ちゃんは、今晩一晩が一生だよ」

という言葉を、呑《の》み込みます。

この小説について山口瞳《やまぐちひとみ》は、「昭和の反戦文学の傑作」と書きました。たった一晩であれ、若い娘が想い人と共に過ごすことは、つまり自分の意志で処女を捨てるということは、国に対する大いなる叛逆《はんぎゃく》。だからこそ、さと子にとってその一晩は「一生」となったのです。

肉体コンシャスに生きる

昭和二十年（一九四五）八月十五日、玉音《ぎょくおん》放送が流れて日本が戦争に負けたことが国民に知らされた、その翌日。九州地方総監府は、

「血の純潔を保つために婦女子を逃せ」

との命を各県に出しています。占領軍が来たならば、日本の男性は殺され、女性は強姦されるといった噂《うわさ》が、当時はあちこちで語られました。婦女子は一人歩きをしたり、肌の露出をしたりしないようにと言われていたのです。

敗戦から三日後の八月十八日、内務省は各地方長官に、占領軍向けの性的慰安施設を作るようにとの指示を出します。時の東久邇宮《ひがしくにのみや》内閣の国務大臣だった近衛《このえ》文麿《ふみまろ》は、警視総監に対して、

「日本の娘を守ってくれ」

ということで、慰安施設についての指示を出したのだそう。警視総監から占領軍向

け慰安施設を早急に作るようにと言いつけられた業者側は、「四千万の大和撫子《やまとなでしこ》の純血を守るために」と、任務を引き受けたのです。

敗戦の三日後にそのような指示を出すという迅速さから感じられるのは、日本人はそれだけ、〝身に覚え〟があった、ということです。外国に駐留した軍隊は、現地の女性を陵辱しまくる。……という自覚があったからこそ、占領軍向けの性的慰安施設を早急に開設する必要性を、国は感じたものと思われる。

かくして特殊慰安施設協会（ＲＡＡ）という団体が発足し、慰安女性の募集広告が出されました。ＲＡＡの設立声明書には、

「『昭和のお吉《きち》』幾千人かの人柱の上に、狂瀾《きょうらん》を阻《はば》む防波堤を築き、民族の純潔を百年の彼方《かなた》に護持培養すると共に、戦後社会秩序の根本に、見えざる地下の柱たらんとす」

とありました。

「お吉」とは、「唐人《とうじん》お吉」のことを指すものと思われます。江戸末期、日本との通商条約を結ぶべく伊豆の下田に滞在していたタウンゼンド・ハリスのところに派遣されたのが、お吉。つまり「お吉」とは、「外国人の〝お相手〟となる日本の女」の意味合いを持つのです。

しかしお吉は性を売る仕事をしていたわけではなく、またハリスも、お吉がいなくとも、日本の婦女子を陵辱などしなかったことでしょう。この「昭和のお吉」云々という文言は、お吉とハリス双方にとって失礼であるわけですが、とにかくこの頃の日本の男性達は、「性の防波堤」を早急に用意しないと日本女性の貞操が危ない、とやっきになっていました。

結果、敗戦から二週間後には既に、最初の慰安所が東京にできています。このスピード感からは、やはりかつて日本軍が、外地の女性達にどれだけ後ろ暗いことをしてきたかが滲《にじ》み出ようというもの。

日本が性の防波堤によって守ろうとしていたのは、日本の婦女子の「純血」であり「純潔」でした。戦争中、外地に行った日本男性が現地女性との間に子供を作ると日本人の純血が損なわれるので、独身女性は積極的に外地に行って同胞男子の〝お相手〟になれ、と促していた、日本。混じり気のない日本人の血に対する信奉は敗戦後も続いたようで、今度は日本女性が占領軍と「して」しまい、混血状態になることを恐れたのです。

女性が純潔を保ってこそ純血もまた保たれる、という思いがそこにはあったのですが、では純血や純潔を守るために「性の防波堤」となる女性達の純血や純潔の問題についてはどうなのか、という話もありましょう。しかしそちらについての認識は、「仕方がない」というものだったようです。

戦争中、国を救うために命を捨てる特攻が行われていた、我が国。敗戦後、多くの婦女子の純血と純潔を救うために占領軍兵士と「する」という任務につく女性達は、「女の特攻」とも言われました。それは、多くの人を救うためにはやむを得ない犠牲として捉《とら》えられたのです。

かくして性的慰安施設が日本各地に開設されたのですが、しかしやがて性病が蔓延《まんえん》するなどして、それらは閉鎖されることになります。すると今度は「パンパン」と言われる女性達の出現を見るように。

つい先日まで敵であった外国人と「する」女性達が大量に出現したことは、日本人にショックを与えます。日本女性の性は、国および男の管理下に置かれていたはずなのに、敗戦後の女性達は、自身の性を自由に扱いました。性を戦勝国の男性に売るようになった大和撫子達を見て、日本男児は二度目の敗北感を覚えたのではないか。

昭和二十二年（一九四七）に発表された田村泰次郎《たむらたいじろう》の『肉体の門』は、パンパンを描いた大ヒット小説ですが、その中ではパンパン達の感覚を、

「法律も、世間のひとのいう道徳もない」

と描写します。道徳観などというものは、戦争中、

「爆弾と一緒に――そして彼女たちの家や肉親と一緒に、どっかへふっとんでしまった。なんにもなくなって、彼女たちは獣にかえったのだ」

と。

性のいとなみは、快楽のためでなく、子を産むためにのみ行うべき。そして銃後の妻は、ひたすら操《みさお》を守るべき。……という圧力の中で、戦争中の人々は生きていました。それが敗戦とともに反対方向へと振り切れた様子を描いたのが、『肉体の門』です。

登場するのは、銀座あたりを根城にするパンパンのグループ。その中の一人である戦争未亡人の町子が、ある男と個人的に付き合うようになると、他のパンパン達は金を取らずに性行為をするのは「だらしのない不貞なこと」と怒り、彼女を全裸にしてリンチにかけるのでした。愛情の無い性行為は、単なる取り引きなので罪は無いけれど、性の悦びとともに行う性行為は許せない、と。

やがて別のパンパンであるマヤも、仲間うちの男と「した」ことがわかると、縄で吊《つ》るされてリンチにかけられます。パンパン達の中では、金銭を介さないセックスの方が悪だったのです。

田村泰次郎は『肉体の門』以外にも、戦争によって翻弄《ほんろう》され、最後に残された自身の肉体に従うという〃肉体コンシャス〃に生きる女性達が登場する「肉体文学」を、多く書きました。日本は肉体ブームとなり、映画の世界では、肉体派女優の京《きょう》マチ子がブレイク。肉体美をアピールする役柄を多く演じた京マチ子は、父から決められた道を素直に歩む聖処女的な役柄を多く演じた原節子とは対照的な存在として、人気を博したのです。

戦争中、あらゆる部分で禁欲的に生きなくてはならなかった日本人は、エロに飢えていたのでしょう。昭和二十一年（一九四六）には映画「はたちの青春」において、日本映画で初めて、キスシーンが登場。他人がキスする様子など見たことがなかった日本人は大興奮し、「接吻《せっぷん》映画」として、おおいに話題になります。翌年には、初のヌードショー（額縁ショー）が東京で披露され、これまた大人気に。

昭和二十三年（一九四八）には、『肉体の門』が映画化され、やはりこちらもヒットしています。東京の下町の小学校では、女児を吊るしてリンチする「肉体の門ごっこ」が流行《はや》ったということですから、良識ある大人はさぞや心配したのではないか。

この頃、一部の若者達は「アプレゲール」と呼ばれていました。フランス語でアプレは「後」、ゲールは「戦争」ということで「戦後派」といった意味になり、当初は新しい息吹《いぶき》を感じさせる言葉であった模様。しかし次第に無軌道な若者のことを指すようになり、「アプレ犯罪」などと言われるようになりました。

中でも昭和二十五年（一九五〇）の「日大ギャング事件」は、アヴァンゲール（戦前派の保守的な若者達）にショックを与えたアプレ犯罪だったようです。輸送中の日大職員の給料を、同僚だった十九歳の少年が強奪。その少年の恋人は十八歳で、日大教授の娘でした。

未成年の強盗事件、ということもさることながら、このカップルが性的関係を持っていたことが、世間には強い衝撃を与えたようです。結婚もしていない十代の男女が「して」いる。それも女性の側は大学教授の娘で、パンパンのように生活のためにやむなく「して」いたわけではなかったのです。

結婚前に性交したり、人生において複数人数と性交をしたり、配偶者ではない人と性交したり、お金をもらって性交をしたりという女性は、性的にゆるいとされた、この時代。性的にゆるい人は精神もゆるいので悪に手を染めやすい、といった感覚も、強く存在していました。

田村泰次郎にしても、肉体の解放を認めているようでありつつ、性的に積極的な女性が倫理感覚に欠けているという様を、しばしば描いています。例えば「女盗記」という小説は、性的経験豊富な主人公の三枝子という女性がやがて犯罪者に、というストーリー。

看護婦として外地で従軍していた、三枝子。彼女は帰国後、盗みや美人局《つつもたせ》に手を染めます。大正時代、丸ビルで暗躍した「ジャンダークのおきみ」以来の流れなのか、彼女は「ナイチンお三枝」（元看護婦だけに）との異名をとるのでした。

逮捕されて取り調べを受けている時、お三枝は、戦地において軍医から迫られて処女を奪われ、その後も複数の兵士と関係を持ったことを語ります。従軍中のお三枝の性体験は、彼女が犯した罪とは関係ありません。しかしお三枝の性の乱れをここで明らかにすることによって、彼女の精神的な弱さを明らかにするという狙いが、そこにはあるのでしょう。作者もまた多くの日本人と同じように、こと女に限っては「性の乱れは心の乱れ」という「法則」が当てはまると思っていたのではないか。

お三枝は、

「そうよ、まだあたしは立派に処女だったわ」

と、「ひたむきに傷兵看護に生きた」過去を思い返し、かつては「純情可憐《かれん》の処女」であったことをアピールします。そこから滲み出るのは、求められるままに処女を失い、心身共に汚れてしまった女の哀《かな》しみ。

肉体ものに出てくる肉体コンシャスな女性達は、このように過去の処女時代をアピールしたり、処女ではないのに処女であると嘘《うそ》をついたりしがちです。まだそれだけ処女の価値が高かった時代であり、処女でなくなったことを「汚れ」と捉える意識も高かったのでしょう。

　結婚前に性体験を持つことや、複数の相手との性体験を持つことが当たり前になった今、その手の女性は罪を犯しやすい、という見方をする人は、既にいません。しかし戦後の時代は、従来の規範から外れたセックスを敢行している女性は「決まりや常識を守ることができない人」とされ、だからこそ「悪の道に入りやすい人」とも見られたのではないでしょうか。

　肉体ブームとはなりましたが、日本人が皆、解放された肉体の持ち主だったわけではもちろんありません。『肉体の門』は、非処女と非童貞しか登場しない小説ですが、『肉体の門』が発表されたのと同じ年に新聞小説として連載され、やはり大ヒットした石坂洋次郎《いしざかようじろう》の『青い山脈』は、処女と童貞ばかりが活躍する小説です。

　舞台は、東北の女学校。女学生と若い女教師とが、肉体関係どころか男女交際は是か非かということですったもんだするという物語なのです。

　東北の農村は、パンパン同士がリンチをし合うといった凄惨《せいさん》な事象とは無縁の世界です。しかし若い娘達は、戦後に突然降って湧《わ》いた「民主化」という動きをどう捉えていいものやら、戸惑っているのでした。女教師は授業中に、

「一体皆さんは恋愛についてどう考えているんですか？」

などと問いただし、生徒は、

「ハイ。昔は恋愛は悪いことのように考えられておりましたけど、戦争に負けてからはいいことになったんだと思います」

などとわけもわからずに答えていますが、女教師自身も恋愛経験の無い処女なので、話は収拾がつきません。大正時代に恋愛ブームがあったとはいえ、やはりまだ恋愛は一般的ではなかった様子が、この小説からうかがうことができます。

しかしこの物語の中には、一般的な日本人の間でも男女間の距離が縮まり、結果として性的な規範がゆるくなっていくことを感じさせる動きの萌芽《ほうが》が、いくつか見られるのでした。それはたとえば、男女共学。日本では戦争中まで、ごく幼い子供を除いて、男女別学でしたが、昭和二十二年に共学が認められるように。『青い山脈』に登場するのは女子校ですが、男女共学の是非について語る女学生が登場しています。男女が急に席を同じゅうするようになったという事実は、日本人に興奮と困惑を与えたのです。

さらには、恋愛結婚。日本では結婚の形態も、敗戦によって揺れていました。戦前は見合い結婚が七割を占めていたのが、戦争が終わると五割台に激減。以降、今に至るまで基本的に見合い結婚が減り続けている（婚活ブームによって近年、微増しているが）のは、よく知られているところです。

『青い山脈』が書かれたのは、ちょうど見合い結婚が激減している最中でした。物語の中でも、恋愛経験ゼロの処女の女教師は、若い校医と次第に仲良くなっていき、遠くない未来に恋愛結婚をしそうなムードに。またある女学生が、「両親が恋愛結婚で私は嬉しい。愛情の結果として生まれてきたのかと思うと、真面目《まじめ》に生きようと思う」といったことを涙ながらに語るシーンもあります。戦後、いわゆる家制度が廃止され、親の言いつけに絶対服従しなくともよい時代となった日本で、恋愛結婚の方が民主的でイケている、という気運が高まっていたことを、この小説は感じさせるのです。

男女共学も恋愛結婚も、人間にとっては自然な形です。が、儒教的規範を守り続けてきた日本人が急に異性と席を同じゅうしたり、自己の才覚で結婚相手を見つけなくてはならないとなると、そこには強い戸惑いがあったことでしょう。儒教的規範の中に収まってさえいれば、何も考えずとも普通に生きていくことができたのが、急に自分で選んだり判断したりしなくてはならなくなって呆然とした人も、多かったのではないか。そしてその「呆然」は、今もなお残り続けているのではないか。

「恋愛結婚の方がイケている」という空気の強まりは、婚前セックス率が高まる大きな要因となりました。見合い結婚が多かった時代は、結婚初夜が初セックス、というケースがほとんど。見合い結婚においては、女性にとって処女であることは最も重要な商品価値でしたから、男性側は独身時代に性体験を持っていても、女性側は初夜が初体験であるべきだったのです。

対して恋愛結婚においては、初体験をいつ敢行するかは自由裁量に。「僕達、どうせ結婚するのだから、しよう」と、婚約中のカップルが辛抱たまらずセックス決行というケースが最初は多かったようですが、次第にセックスに至る理由はどんどん軽くなっていくのであり、セックスもまた、民主化の波にさらされることになるのでした。

女の情欲への恐れと制御

戦争中は産む機械としてのみ期待されていた、女性の肉体。それが戦後に「解放」されると、今度は女性の肉体に対する一種の怖《おそ》れのようなものが、日本の男性の中には見え隠れするようになってきます。

昭和二十二年（一九四七）の「婦人公論」には、高橋誠一郎《たかはしせいいちろう》が「解放された女性たち　新憲法施行式典後の所感」との文章を寄せています。新憲法の施行後、女性は解放された。しかしこと女性が自身の情欲を満たすには、夫に頼るしか未《いま》だ道がない。結婚して一度異性を知ると、愛情よりも劣情の虜《とりこ》となってしまう女性もいる。人口過多への対策として、植民地政策を行うわけにはいかなくなった現在、産児制限は避けられない道である。

……といったことが、そこには書いてあります。今の我々が読むと、女性の情欲をやけに気にしたり、人妻の劣情を「熾烈《しれつ》」と決めつけたりする変な人、との印象を持つのですが、しかしこの文章の筆者は、時の文部大臣なのでした。教育基本法や学校教育法を制定した高橋文部大臣は、どうも女性の性欲に手をこまねいていたらしい。戦後のベビーブームは、既にこの頃には始まっていました。戦地から兵士が帰還してきたことによって赤子がたくさん産まれたわけですが、高橋は既婚女性達の性欲が強烈であるから赤子が増えている、と思っているきらいがある。「愛慾《あいよく》の情」に浸りながら「妊娠分娩《ぶんべん》の苦」から逃れるためには産児制限が必要だ、と主張しているのです。

さらに「もう植民地を得るわけにいかないので、産児制限が必要」といった部分を見れば、増えすぎた人口をどうにかするために日本は戦争を行ったことを告白しているかのよう。兵力を増強するために戦争中はひたすら「産め」と言っていた国が、植民地が無くなると「産むな」と言い出し、子供が増えることを女性の性欲のせいにしているのです。

昭和二十三年（一九四八）に刊行された、石川達三《いしかわたつぞう》の『幸福の限界』という小説があります。戦後の世における女性にとって本当の幸福とは何かを問う、という作なのですが、ここでも注目されるのは、女の性欲の扱われ方なのでした。

登場するのは、二人の姉妹。姉の省子は結婚していますが、夫が戦地から戻らないため、再婚への道[redacted]探っています。妹の由岐子[redacted]ボーイッシュなはねっかえり娘。自由を求める彼女[redacted]は、主婦である母や姉を見て[redacted]などというものは「性生活を伴う女中生活」にす[redacted]ないではないか、と言い放ち[redacted]『幸福の限界』が刊行された後、この「性生活を伴[redacted]女中」という言い方は流行[redacted]のだそう。

由岐子は、結婚[redacted]女の幸せとは思っていませ[redacted]

「生活の自由は肉[redacted]の自由によって得られるん[redacted]

という発言に、[redacted]性生活を伴う女中」として[redacted]を送る母は、由岐子が結婚前に処女を捨ててしま[redacted]のではないかと心配します[redacted]配は的中し、由岐子は演劇活動を通して知り合った[redacted]大塚という男と、事に至るの[redacted]

大塚とは、

「君は処女かい」

「勿論《もちろん》よ！」

といった会話が[redacted]わされます。「だけどわた[redacted]女なんて詰らないことだと思うわ」と由岐子が言[redacted]えば大塚は、「ほう！　新時[redacted]想だね」と感心するのでした。

「処女なんて邪魔[redacted]と言う由岐子はまさに、新[redacted]娘として描かれますが、そんな由岐子も初セック[redacted]の前には、純潔を失うこと[redacted]失うかのように捉え、その恐怖にうち震えるのでした。この時代の処女は、ここまでの覚悟をもって、結婚前にセックスしていたのか……と思わされるのですが、とはいえこれは当時四十代半ばのおじさんが書いた小説。多分に「こうあってほしい」という希望が入った表現でしょう。

当時のおじさんの希望的観測は、処女を失った後の由岐子の描かれ方にも表れています。結婚に重きをおかない由岐子であったのに、初セックスの後はいきなり、「大塚先生のお仕事を完成させてあげたい」と、男を支える女へとシフトチェンジするではありませんか。

「先生、わたし結婚したいわ」

「わたしは平凡な結婚をしますわ」

と、処女を失ったことによって彼女の価値観は激変するのです。

中年男性による、「いくら時代が変わっても、女はこうでなくては」という希望が詰め込まれたこの小説。今を生きる私などが読むと真実味が感じられないのですが、おそらく当時の若い女性も、同じ感想を抱いたのではないでしょうか。

『幸福の限界』の刊行の数年後に書かれた原田《はらだ》康子《やすこ》の『挽歌《ばんか》』という小説には、やはり主人公である若い女性が初めて（たぶん）のセックスをするシーンが出てきます。

しかし主人公である怜子は、初めてのセックスを前にして、純潔を失う恐怖に震えたりはしません。初めてのセックスの後で、激変することもない。

この小説を書いた原田は当時二十代であり、処女の価値を大袈裟《おおげさ》に捉えてはいないようです。原田はこの小説の中で丁寧に男女の心理を紡《つむ》ぐものの、初めてのセックスに特別な意味を持たせることはありません。

怜子がセックスをしたのは、妻子ある男でした。初体験の後、男への態度は冷淡になるのに対して気持ちは昂《たか》ぶっていくという、若い女の複雑で繊細な感覚が描かれたこの小説は、大ベストセラーとなります。初めてのセックスよりも、互いの人間性の複雑さを知り合った後のセックスの方がずっと重い意味を持つといったところに、女性達は「そうそう、恋愛とかセックスって、そういうもの」と思ったのではないか。

奔放に生きる怜子は、石川達三のような人から見たら「不幸」なのでしょう。が、彼女の生き方はあくまで自由です。幸福か不幸かとか、善か悪かで生きる道を選ぶのでなく、その時の気分で生きる怜子の姿は、当時の女性達に支持されました。

一方で『幸福の限界』は、女にとっての幸福の限界は「性生活を伴う女中」としての生活に満足することにある、と示しています。その限界から外れたところには二つの世界があり、一つは「破戒と汚辱との世界」、もう一つは「喜びと救いとのない地獄」だとのこと。

わかりやすく言うと、妻として夫に尽くす生活を拒否する女の行く末は、エロエロの「ヤリマン」か、カサカサの「嫁《い》かず後家《ごけ》」しかない、ということでしょう。

石川達三は、「婦人参政権亡国論」との文章の中で、女性に投票権は不要で、被選挙権だけ残せばいいといったことを書いた人ですので、『幸福の限界』のような小説を書くのも納得できるところ。婦人雑誌の対談などでも、「女が自分の自由や権利を主張しても、結局は損をするだけだから、家庭に入った方がいい」という意見なのでした。

『幸福の限界』でもう一つ驚くのは、当時の夫婦はかなりセックスを重要視していたらしい、ということです。高橋文部大臣は既婚女性の劣情を憂《うれ》えていましたが、『幸福の限界』においても、由岐子の母親がふと我が身を振り返った時、今まで自分が飽きずに家事を続けてこられたのは「安定した性生活があったから」だと自己分析しています。由岐子は別の形で性生活を求めようとしているし、姉の省子もまた、肉体の落ち着き先を求めて再婚しようとしている。セックスの安定があってこその女の幸福、と思っているのです。

結婚したら早晩、夫婦間のセックスは疎遠《そえん》になるというのが現代の常識ですが、他の小説等を読んでいても、当時の夫婦はかなり頻繁に、そして飽きずに延々と、夫婦でセックスをしていたようです。娯楽が少ない時代だったせいかもしれませんが、当時の夫婦は今の人々よりよほど性欲旺盛《おうせい》だった模様で、高橋文部大臣の心配も、あながち的外れではなかったのかもしれません。

とはいえ、高橋や石川のような大人の男達がいくら心配しても[illegible]女性達の自由を求める気持ちを止めることは、難しかったようです。個人の自由を追求するという快楽に目覚めた女性達にとって、覚めた目を再び閉じること[illegible]できなかったのではないか。

既婚女性の劣情のみならず、若者達の動向にも、大[illegible]達は眉《まゆ》を顰《ひそ》めていました。不純な交遊に走りがちな青少年について憂慮した文部[illegible]は、昭和二十四年（一九四九）に「純潔教育基本要項」を発表（ちなみにこの時、[illegible]部大臣は既に高橋誠一郎ではない）。翌年には同省が、「男女の交際と礼儀」という[illegible]ンフレットを作成します。

日本のキリスト教信者の間では、戦前より「純潔[illegible]育」を推進する動きがありました。廃娼《はいしょう》運動を進[illegible]る中で、純潔思想を普及させれ[illegible]家庭が安定し、家庭が安定すれば廃娼にもつなが[illegible]国家も安定する、という思いが[illegible]れたのです。

その運動は、戦後も続きました。純潔教育を[illegible]ることによって乱れた男女関係を正していくべき、ということで発表されたの[illegible]純潔教育基本要項であり、「男女の交際と礼儀」だった。

「男女の交際と礼儀」を作成したのは「文部省純潔教育分科審議会」で、廃娼運動家の伊藤秀吉《いとうひできち》やガントレット恒子《つねこ》の他、教育者、医師、評論家などがその委員として名を連ねています。教育の場などにおいて、一種の手引きとして使用されるようにと、作成されたものなのだそう。

男女の付き合い方を国が国民に指南しようとすることに今となっては驚くのですが、しかしついその数年前まで、国が「女は五人は子を産むことが望ましい」と指南していたことを思えば、この感覚も納得できるところ。日本という国の「マジ」さ加減と、一夫一婦制や純潔思想を大切にするキリスト教の「マジ」さ加減が、ここにきて足並みを揃《そろ》えた、と言うこともできましょう。

それまで男女共学すら体験したことがなかった日本人は、確かに男女交際のしかたなど、わからなかったに違いありません。無論、一九八〇年代の「ポパイ」のようなマニュアル雑誌があった訳でもなく、国が指南に乗り出さずにはいられなかったのかも。

「男女の交際と礼儀」を見てみると、実際に「ポパイ」もかくやの、細かな指導ぶりなのでした。「お互いに人格を尊重すること」とか「異性を理解し、批判する力を養

うこと」といった観念的な指導の後、男女交際のマナーを解説する部分においては、女性に対して、

「発育状況によって、ブラジュアをつけること」

とか、袖《そで》なしや袖の短い服の時は、

「わき毛は当然除くべき」

といったことまで書いてあるのです。

当時は、和服から洋服への転換期。洋服姿でブラジャーをしない女性も、いたのでしょう。じゅうぶん発育しているのにブラジャーをしていない女性は男性の劣情をそそったでしょうから、この指導は理解できるのです。が、わき毛については、果たして男女交際と関係あるものなのか。のみならず、電車などで脚を開いて座るなとか、「卑《いや》しい職業の女性」のような服装をするななど、姑《しゅうとめ》のような細かな注意が続きます。

当時の若者の間で社交ダンスが人気であったことを大人達は問題視していたようで、「ダンスとダンスパーティー」という項も立てられています。明るく爽《さわ》やかに、異性と必要以上の接触をせずに平凡なステップを踏め、という指導がそこではなされているのですが、そんなダンスは面白くも何ともないことでしょう。が、とにかく国はダンスの時に男女を密着させたくなかったし、色っぽい気分にもさせたくなかったので

す。

「男女の交際と礼儀」の最後の項は、「求婚と結婚」というものでした。その終わりで力説されていたのは、

「恋愛から、婚約時代を通じて、特に要望したいことは、結婚までは、お互に純潔を守るというはっきりした心構えであります」

ということ。すなわち、「結婚まではセックスするな」ということです。最近は純潔を軽視する人が多いが、それは大きな誤りであって、相手を愛し、尊重しているならば「軽々しい行動はとるべきではありますまい」とも。

男性については、「結婚まで童貞でいこうとする信念を養う教育」が不足していたからこそ、戦後は性病も激増している。……ということで、女のみならず男にも、「結婚まではセックスするな」と、呼びかけているのです。

しかしこの指南に欠けているのは、なぜ結婚前に「する」のはいけないのか、という理由です。結婚前にしてしまうと、「時にははなはだしい危険を伴う」とはあるのですが、その危険がどのようなものかは、明らかにされていない。上から言われるがままに「結婚までは純潔を守るもの」と信じてきた世代の人達が書いただけあって、解放気分に浮かれている若者を納得させることができるだけの理由を、提示できていま

せん。

わき毛についてなど、どうでもいいことは細かく指導しておきながら、肝心の「なぜ純潔が大切なのか」についての理由づけがあまりに希薄、ということは、委員の側でも感じていたのでしょう。その後、純潔教育の研究はさらに進められ、昭和三十年（一九五五）には、純潔教育分科審議会が文部大臣に上申した「純潔教育の進め方」が発表されることに。その内容が「性と純潔：美しい青春のために」というパンフレットとして、文部省から発行されています。

ここでは「なぜ結婚前にセックスをしない方がよいのか」についてかなりのページが割かれているのですが、中には「新しい生命の誕生」や「性器のつくりとはたらき」など、性教育に繋《つな》がる記述も。日本の性教育の源は、「どうせ『する』なら、安全に」という感覚ではなく、「とにかく、するな」という感覚にあることがわかるのです。

このパンフレットの最初、「純潔とはどういう意味か」との項を執筆したのは評論家の堀秀彦《ほりひでひこ》ですが、彼は「純潔とは？」という問題についてとにかくよく考えるように、と青少年に勧めています。今の若者は、ただ楽しみたいがためにセックスをしているようだが、「はじめての性の経験を決してたのしむなんてことはできませんでした」と自らの初体験の感想を吐露し、初体験を軽く考えるなど「頭が少しどうかしている」とバッサリ。精神的にも肉体的にも社会的にも成熟した時点で、愛しあっている相手と、お互いの肉体を「美しい」と感じ合い、道徳的に「結ばれる」ようにしなくてはならない、と書くのです。

　そのような初体験ができれば確かに素晴らしいでしょうが、それがあまりにハードルの高い行為であるが故《ゆえ》に、結婚そのものができなくなった人が増えたのですよ。「もっとハードルを下げろ」というのが、今の時代の合言葉です。……と堀に語りかけたくなりますが、その言葉が届こうはずもありません。

　堀はさらに、

「彼女にとって僕ははじめての男性だったのだ。あの人にとって、私という女性ははじめての女性だったのだ――おたがいにこう考え信ずることができるということほど素晴しいことがあるでしょうか」

　とも、書いています。……だって誰だって、古い洋服よりも新しい洋服の方が好きでしょう？　とさらに続くのですが、その後の日本に、「リサイクル」や「シェア」の時代が到来することも、堀が知ろうはずがありません。

「古い酒を新しい皮袋に盛るな」

などと聖書の言葉をも微妙に間違えつつ引用して、純潔を推奨するこのパンフレット。果たしてその後の日本に、影響を与えることはできたのでしょうか……?

性の黒船、「ペッティング」と「オリンピック」

昭和三十四年（一九五九）四月、皇太子明仁《あきひと》親王と正田美智子《しょうだみちこ》さんが、結婚しました。この時、皇太子と結婚する女性が処女かどうかを疑った国民は少なかったのではないかと、私は思います。

同年に刊行された松本清張《まつもとせいちょう》の『ゼロの焦点』は、新婚夫婦の夫が行方不明になるところから始まる話ですが、この夫婦の新妻は結婚時、当然のように処女。新婚旅行初日の晩が、本当に「初夜」でした。

性の乱れが心配されながらも、それは一部でのこと。多くのカップルにとってはまだ「初夜」が文字通りの意味を持っていたのであり、ましてや皇太子夫妻においてをや。……と、多くの人は信じることができたのではないか。

成婚から、六十年。令和元年（二〇一九）五月九日の朝日新聞に掲載された瀬戸内《せとうち》寂聴《じゃくちょう》のエッセイには、同年五月一日に上皇・上皇后となられた両陛下のことが記されているのですが、ここで寂聴さんは、美智子さまと最後に会った時に聞いたお言葉を紹介しています。若い頃、勉強ばかりしていた美智子さまに、電話をかけてきたり「好きだ」と言ったりした初めての男性が陛下であり、

「生涯に陛下は私のただ一人の男性なの」

と、美智子さまはおっしゃったのだそう。

これを読んで、私は「やはり」と思ったことでした。さすが処女性を尊ぶカトリック校の出身者、という感じがいたします。

若き日の美智子さまの清さからはキリスト教のかほりが漂っていたわけですが、それは日本的な清さと思うこともできました。「近代的で国際的だが、異性に対しては保守的で日本的」というイメージの美智子さまは、日本のプリンスにとって理想的な結婚相手だったのです。

しかし世にいるのは美智子さまのような女性ばかりではなく、また皇太子さまのような男性ばかりでもありません。美智子さまの夫である現・上皇さまは、昭和一桁《けた》世代。上皇さまと一歳違いである石原慎太郎《いしはらしんたろう》が昭和三十一年（一九五六）に出した『太陽の季節』では、若者達が無軌道なセックスをしまくっています。太陽族といった言葉も生まれ、享楽《きょうらく》的な生活に憧《あこが》れる若者は増えていました。

当時の日本人の性意識に衝撃を与えたものとしてはもう一つ、「キンゼイ・リポート」があります。これは、アメリカの動物学者であるアルフレッド・キンゼイが発表した、人間の性行動に関する詳細な調査研究報告。男性版が昭和二十三年（一九四八）、女性版が昭和二十八年（一九五三）に発表され、アメリカのみならず日本でも大きな話題になりました。女性版においては、アメリカの独身女性の性交経験率は五十パーセント近くであるとか、若者の間でペッティングが盛んに行われているといったことが、報告されています。

それらは、日本人にとって衝撃的な事実でした。何でもアメリカの若者達は、男女が二人きりで会う「デート」というものをしており、その時に「ペッティング」とやらに耽《ふけ》るそうではないか。……ということで、言葉の意味はよくわからないながらもエロい空気を察知した日本人は、大興奮。

ここで「ペッティング」とは何か、と思われる方も多いことでしょう。私は、おそらくこの言葉に懐《なつ》かしさを覚える最後の世代。私がティーン時代を過ごした一九八〇年代には、性的な行為を示す「ＡＢＣ」という隠語がありました。Ａはキス、Ｂはペッティング、Ｃはセックスとの意味で、

「昨日、○○くんとＡしちゃった！」

という感じで使用されていたのです。

我々は、「最後までではないけれど、エッチなことをする」のがペッティング、と思っていました。もっと平たく言うなら、「『いれる』こと以外の、触ったり触られたりっていうことでしょ？」という、ざっくりとした理解。

一九五〇年代に日本に入ってきた「ペッティング」という言葉は、このように一九八〇年代まで残る衝撃を、日本人に与えました。挿入以前の行為を独立したものと捉えることが新鮮でありつつ、そういった行為をアメリカでは結婚前の若者が楽しんでいるということも、普通の日本人にとっては衝撃の事実。それは日本人にとって黒船級の驚異だったのであり、ペッティング・ショックとでも言うべき状況が続いたのです。

しかし、キンゼイ・リポートの日本語訳である『人間女性における性行動』を今になって読んでみると、日本人はペッティングについて色々と誤解をしていたことに気づきます。まず、私が聞いたＡＢＣ理論の中では、キスとペッティングは別物とされていましたが、キンゼイはキスもペッティングに含まれる、と定義しています。軽いキスからオーラルセックスまで、とにかく挿入以外の行為は、全《すべ》てペッティング。

ペッティングという行為の位置づけも、日本人は誤解していたようです。例えばテイーン時代の私は、ペッティング＝前戯、とおぼこい頭で思っていたので、「Bは、Cの前にするもの」だと理解していました。場所的な制約や時間的な制約によってやむをえない時のみ、「Bどまり」となるのだと思っていたのです。

しかしキンゼイ・リポートによると、当時のアメリカでは、結婚前のセックスに対する罪悪感を避けながら愛情を発露するための行為として、もしくは妊娠の危険性を避けながら性欲を発散させるための行為として、ペッティングが位置づけられていたようです。それは単なる性交の前段階ではなく、ペッティング自体が一つの目的にもなっていた。

キリスト教においてセックスは本来、子供を作るために、結婚後に行うべきもの。信仰に対して意外にマジなアメリカ人達の間では、だからこそペッティングの必要性が生じたものと思われます。

キンゼイは、信仰の篤《あつ》さとペッティング経験の関係性も測っています。それによると、信仰の有無ではペッティングの経験率は変わらないものの、信仰心の篤い女性の方が、そうでない女性に比べると、ペッティングにおいてオーガズムに達したことがある率が低いのだそう。信仰によって性への興味が減ずることはないけれど、信仰は性の悦《よろこ》びに耽溺《たんでき》することを自制させていたのです。

アメリカでは、このように宗教と性との間に強い関係性が見られました。しかしキンゼイ・リポートが日本に入ると、ペッティングという言葉の刺激的な目新しさばかりが目立って、その部分はあまり理解されなかったようです。アメリカの若者は結婚前に乳繰《ちちく》り合っている、ということに日本人は興奮してしまい、ペッティングが「最後までしないための手段」というよりも、アメリカ人の性的乱脈ぶりを示す行為のように捉えられたきらいがある。

一九六〇年代に入ると、日本でのペッティング・ショックはさらに広まり、週刊誌などでは興味本位で取り上げられるようになります。しかしペッティングという言葉の意味も、まだこの頃の日本人はよくわかっておらず、

「ペッティングで妊娠しますか」

といった質問が雑誌に寄せられることもありました。

だからこそ日本では、ペッティングに対する否定的な見方が多かったようです。たとえば、昭和三十五年（一九六〇）に刊行されて累計《るいけい》二〇〇万部を超えるミリオンセラーとなった、『性生活の知恵』。著者で医師の謝国権《しゃこくけん》は、日本で広まりつつあるペッティングについて、自慰の欠点を補うものではあるが危険な行為だ、と書いています。

なぜならばペッティングは、「性交に到達する期間を短縮せしめる」もの。はまっ

てしまうと、愛情のためというよりは単に快楽を得るための行為になるので、結婚まではしない方が賢明。貞操は邪魔だから捨てた、などと言う女性が増えているのも、ペッティングの普及と関係がありそうで、それは「誤った男女同権思想の行きすぎ」の結果なのだ、としています。

やはり男は、処女が好き。であるからして女性は、確実に結婚できる相手とだけペッティングをするべき、とも謝氏は書くのでした。

謝氏をはじめとして、この頃は医学的見地から性について説く評論家が人気者だったのですが、その一人であるドクトル・チエコもまた、ペッティングには否定的です。『性生活の知恵』と同年に刊行された『満ちたりた結婚』は未婚女性向けの本ですが、ペッティングは、既に結婚した男女がする分にはよいが、「結婚前の恋人同志（原文ママ）には、あまり、おすすめはできません」とのこと。

当時の大人達は、ペッティングで興奮が募り、そのまま挿入に至ってしまうことを心配しているのです。セックスに対する宗教的な禁忌感を持たない日本人は、ペッティングだけに留めることが難しいと考えたのでしょう。

このように「ペッティング」という外来の言葉に大興奮しつつ、それをしていいものやら悪いものやら混乱していた日本人ですが、一九六〇年代には、さらなる性の黒船がやってこようとしていました。それは、昭和三十九年（一九六四）に東京で開催されたオリンピックです。

オリンピックと性というと一見無関係のように思えますが、当時の日本人は、オリンピックでやってきた外国人と日本の女性が「して」しまうことを、心配していました。その時の日本人の中にはもちろん、敗戦後、進駐軍の兵士にしなだれかかっていたパンパン達の残像があったことでしょう。

戦争に負けてこのかた、「どうやら我々、『ガイジン』にはめっぽう弱いようだ」との自覚を深めていた日本人。占領期以降、初めての「ガイジンがたくさんやってくる」という事態を前に、「日本女性を守らねば」という気持ちになったのです（ちなみに日本男性が外国人女性と『する』可能性については、全く心配されていない）。

危機感を募らせた東京都は、「みんなで守ろうたすけよう」という女性向けのパンフレットを、東京オリンピックが開催された昭和三十九年に発行しています。東京都の民生局長は、その「はしがき」において、「多数の外人を迎えての風紀の関係は、国民の良識の試練」だとしているのでした。オリンピック時の「東京都内の風紀的環境の浄化」と「若い婦女子の転落の防止」のためにも協力をお願いしたい、と呼びかけてもいます。

このパンフレットの中では、朝日新聞学芸部長が、「娘さんの知っておくべきこと」という文章を書いていました。オリンピックでは「青い眼」や「黒い皮膚」のお客さん達が来て「未曽有《みぞう》の〝外人ブーム〟」となるだろう。日本女性は「男に奉仕する道具」として外国人に評判が高いし、浮世絵によって「日本婦人の性的技巧」も、海外でよく知られているので、外国人にたぶらかされないよう気をつけなくてはならない、とあるのです。

また、オリンピックで来る外国人客の一部は「場外オリンピックとして、トルコをめざして来る」。なので「東京中のトルコ娘たちへの、啓蒙《けいもう》と教育」も必要だ、ともありました（念のため注：トルコとは、今のソープランドのこと）。

このように、日本女性にも訪日外国人にも失礼ではないか、と思われる文言が散見されるパンフレットなのですが、当時の東京都は、それほどまでに真剣に心配を募らせていました。もう一種類、「若い女性の手帖《てちょう》」というものも東京都は発行していますが、そのパンフレットを主管した民生局婦人部長・中野《なかの》ツヤのインタビューが、昭和三十九年九月七日の朝日新聞には載っています。「旅人というのは、とかく無責任である上に、「日本の若い女性は、外人でさえあれば、たちまち信用し、いいなりになる」ので、「外人と接するときのいましめＡＢＣ」となるパンフレットを作成したのだと、中野は語っています。

時はちょうど、世界を巡ってきた聖火が、台北《タイペイ》から沖縄に到着した頃。オリンピックを間近に控え、婦人部長の憂鬱《ゆううつ》はますます深まる、とこの記事は終るのでした。中野婦人部長もインタビューの中で言及し、また「みんなで守ろうたすけよう」の中でも触れられていたのが、『独身天国日本』という本です。これはB・デ・メンテという謎《なぞ》の外国人が書いた本で、「若い女性は外人に弱いか」という副題。この本やその類書が、「外人観光客の男性向けガイドブック」として日本のホテルのロビーなどでよく売れているということを、東京都民生局は嘆いています。他の週刊誌等にもこの本はしばしば取り上げられているので、当時は国辱本として話題になっていたらしい。

『独身天国日本』は、まさに日本におけるガールハントのガイドブックとなっています。目次を見れば、「トルコ風呂《ぶろ》の夜」「ホステスの逃げの手口」といったプロやセミプロにどう対応したらいいかという問題から、「日本女性への言い寄りはこの手で行け」といったアマチュア相手の指南まで。

この本によると、相手のプロアマを問わず、日本女性と「する」のは、そう難しいことではなさそうです。日本人は、西洋人のように宗教的な罪悪感をセックスに対して抱いていない。日本女性は「手を差し伸べれば拒まぬという風情《ふぜい》の近づき易《やす》さ」であり、「彼女らをモノにするのは何の造作も要しない」。西洋の男性は日本女性に対して「先天的な優越感」を抱いており、日本女性から恥をかかされる心配は全くないのだ。……ということで、東京都がこの本に目くじらを立てることも理解できる内容です。

ではこの本がまるで出鱈目《でたらめ》かといえば、そうでもなかったのでしょう。東京都のパンフレットには、女性に対して「『ＮＯ』と言え」としきりに書いてありましたが、「上」には絶対服従、という教育を長年受けてきた日本女性が、戦勝国、それも日本よりずっと豊かで先進的な国の男から言い寄られた時に「ＮＯ」を言う理由など、無いのですから。

昭和三十九年の東京オリンピックの前後に、どれほどの日本女性が実際に「転落」したのかは、定かではありません。しかし昭和三十九年、というより一九六四年は、総じて開放的ムードが日本に漂っていた気がしてなりません。オリンピック開催のみならず、海外渡航が自由化されたのもこの年であり、海外への憧れは募ったことでしょう。また日本初のグラビア青年誌である「平凡パンチ」が創刊されたのも、この年。

当時青少年だった人に聞くと、「平凡パンチ」の登場は、彼らに相当な衝撃をもたらしたようです。スピード、スリル、セックスの話題を得意としたこの雑誌には、ヌードのグラビアページがありました。書店の隅っこにあるエロ雑誌を後ろ暗い気持ちで手に取らなくてはならなかった当時、大橋歩《おおはしあゆみ》の洒落《しゃれ》たイラストが表紙の雑誌にカジュアルにヌードが載っているという形態は、斬新《ざんしん》でした。創刊号には、人気作家の吉《よし》行淳之介《ゆきじゅんのすけ》が、「デートにセックスはふくまれる？」との座談会をしたりもしていて、開放的な性の時代がやって来たことを感じさせたのです。

　また、同年に刊行された人気評論家の石垣綾子《いしがきあやこ》の著書『結婚生活の知恵』には、著者が結婚した時は処女ではなかったことが、堂々と記されています。それも、最初のセックスをした人とは違う相手と結婚したのだ、と。

　それは「自分にいちばん正直な生きかた」であり、「自分を汚した」とは思っていない、と書く著者。愛する人とのセックスであれば純潔を失うことにはならない、という考え方を披露するのでした。

　性に関する事物が、じめじめとした日陰から、日の当たる場所へと出て来はじめた、この時代。処女を取り巻く空気もまた、確実にからっとしてきたようです。

フリーセックスの荒波に揉《も》まれ

昭和三十九年（一九六四）に開催された東京オリンピックの時、どれほどの日本女性達が、外国人と「した」のかは定かではありませんが、その頃から世で話題となっていたのは、処女膜再生手術です。

昭和四十三年（一九六八）の「週刊読売」には、処女膜再生手術を開発した松窪耕《まつくぼこう》平《へい》という医師が紹介されていました。そもそもは、兵隊達が入った後の風呂に入って性病に感染した学童疎開中の女児の治療中、処女膜が破れてしまったという事例を救うべく松窪博士が取り組んだのが、処女膜再生手術の始まりなのだそう。敗戦後も、進駐軍の兵士によって損なわれた日本女性の処女膜を博士は数多く再生してきたということで、最初は「戦争犠牲者」のための手術だったのです。

その後、次第に処女膜再生手術の存在が知られるようになると、戦争とは関係なく処女でなくなった女性達も、手術を受けるようになったのだそう。手術の件数には季節によって変動があり、目立って多いのは、春と秋の結婚シーズンの直前。非処女が結婚するにあたり、処女として初夜を迎えたいということで、手術を受けていたのです。

処女膜再生手術の流行からは、この頃の処女をとりまくいくつかの事情を見てとることができます。処女膜再生手術を受ける人の多くは、「結婚前にセックスをした相手とは別の男性と結婚する女性」でした。我慢しきれずに結婚前に婚約者とセックスをしたのではなく、かつてセックスをした男（達）とは違う相手と結婚するからこそ、手術によって人工的に再処女化する必要性が生じた。

結婚時に新婦が非処女であることを問題視する男性が当時はまだ存在したことを、この事実は示します。気軽にセックスをするようになってきた独身女性達の性意識と、独身男性達が結婚相手に求める像の間に開きがあったからこそ、処女膜再生手術は盛んになったのです。

時代は飛んで、平成十八年（二〇〇六）の「週刊文春」では、高須《たかす》クリニックの高須克弥《かつや》院長が、処女膜再生手術について、

「平成になってから手術をした記憶はないですね」

と語っていました。高須院長は昭和五十九年（一九八四）、ポルノ女優の愛染恭子《あいぞめきょうこ》

に処女膜再生手術を施したことで知られていますが、それは結婚のためではなく、映画撮影のため。その時点ですら、既に「結婚する時は処女」という感覚は薄れていたのであり、いわんや平成をや。

「（今は）いい年した女性が処女だったら、かえって引いちゃいますよ」

と、院長は語っています。

「結婚するまでは処女」という時代から、「処女は引かれる」時代へと日本が移行していくにあたり、七〇年安保の頃は一つの転換点であったと思われます。若者達が既存の権力や大人達に対して反発を強める時代が到来し、ヒッピームーブメントや学生運動が世界的に発生。女性達もまた解放を求めて、ウーマンリブ運動を活性化させます。

性についてもより自由が求められ、「フリーセックス」という言葉が盛んに使われるように。それはそもそも、自分の性行動は誰に強制されることなく自分の自由にしよう、という意味を持ちますが、「フリー」な「セックス」という言葉の響きから、「誰とでもいつでも」という乱交的イメージを持たれるようにもなるのでした。

この頃の小説には、結婚前でも罪悪感なくセックスを愉《たの》しむ女性達が登場します。たとえば昭和四十四年（一九六九）に芥川賞を受賞した、庄司薫《しょうじかおる》の『赤頭巾《あかずきん》ちゃん気をつけて』。この作品は、東大紛争によって東大入試の中止が決った昭和四十四年頃の、とある高三男子の日々を描いた小説ですが、当時随一の進学校であった都立日比谷高校に通っている主人公は、大学のこと、性のことに日々悶々《もんもん》としているのです。

日比谷高校の男子達は性的に晩稲《おくて》であったけれど、私立高校に通う男子達は「猛烈」でした。彼等に連れられてゴーゴー・パーティーに行くと、「ラリパッパ」になって服を脱ぎだしたりする、「平凡パンチ」に出てきそうな「カッコいい女の子」（「カッコいい」は、当時の流行語）達が、「ハプニング」的なセックスを楽しんでいるのです。

この時代、「婚前交渉」という言葉があり、それは広義では「結婚する前にセックスをする」の意であり、狭義では「婚約者と、結婚する前にセックスをする」という意味でした。対して、結婚を前提としない相手とセックスすることが「フリーセックス」扱いされていたようです。

『赤頭巾ちゃん気をつけて』が出た頃には、「あげてよかった！」という言葉が、ちょっとした流行語になっていました。これは「週刊女性」に連載されていた、十九歳のＢＧ（ＯＬの意）・ひろみによる日記のタイトル。

ひろみには、同じ会社に勤める一橋大出身で二十八歳の婚約者がいるのですが、彼は婚前交渉に消極的。そんな時、社内の四十六歳の部長とひょんなことから初めてのセックスをしたひろみは、部長との関係を続けて妊娠、そして中絶。それがばれて、婚約は破棄されてしまいます。しかしそれでもひろみは「処女を部長にあげてよかった」と思うのです。

ひろみは婚前交渉を求めていたのに、婚約者に意気地がなく、彼女の欲求を充足させてくれませんでした。だからこそ、性の面では一日の長がある部長に「あげてよかった！」ということなのです。

中年男性にとっては都合の良い話であり、ピンク映画のタイトルなどにもなった「あげてよかった！」。同じ頃「月刊現代」では、吉行淳之介の司会で、「あげてよかった」をテーマに、女子大生とＢＧの座談会が開催されてもいます。

二十歳前後の女性参加者達は、複数人との性体験を赤裸々に語っています。

「お嫁にいけなくなるなんて思わない？」

との吉行の問いに対しても、

「ぜんぜん考えない」

「無理してバージンでいる精神的な非処女のほうがお嫁にもらってくれる人に悪いと思う」

といった感じ。初体験の男よりも、快感を与えてくれた男の方がずっと強い印象を持つ、という快感第一主義の感覚をも示し、吉行をして、

「完全なバージンというのはいないみたいなものだな」

と言わしめているのでした。

また、当時の「週刊明星」には、「スター100人に特別アンケート　婚前交渉を認めますか」という記事が。婚約者と結婚する前にセックスすることの是非を問うているのですが、浅丘《あさおか》ルリ子や佐良直美《さがらなおみ》、倍賞千恵子《ばいしょうちえこ》などは賛成派。対して中尾《なかお》ミエは「婚前交渉なんて不潔！」、そして伊東《いとう》ゆかりは「男の気持ちって、いつ変るかわからないから、やっぱり最後の一センは守らないと」ということで、当時の女性スター達の婚前交渉に対する意見は、五分五分。しかし女性スターですらも「婚前交渉、OK」と平気で口にすることができるフリーな時代の空気が、既に流れはじめていました。

対して男性スターは、ほとんどが婚前交渉賛成派。高橋英樹《たかはしひでき》ももちろん賛成で、のみならず「結婚を前提としないセックスかい？　そりゃ両方がよけりゃいいじゃないのオレだってあるしさ」と、「フリーセックス宣言までしてくれた」とのことなのです。

結婚前提の相手との、婚前交渉。前提としない相手との、フリーセックス。……ということで、結婚前のセックスにも二つのステップがあったようですが、昭和四十七年（一九七二）頃の大学生の姿を描いた、桐野《きりの》夏生《なつお》『抱く女』は、そういった意味においてはフリーセックスを躊躇《ちゅうちょ》しない女子大生が主人公となっています。

当時、ウーマンリブのスローガンとして「抱かれる女から抱く女へ」という言葉があったことからきている、このタイトル。受け身ではなく自分の意思でセックスをするべき、といった意味が、そのスローガンには込められていました。

とはいえ主人公の女子大生は、ウーマンリブの活動家でも学生運動の闘士でもヒッピーでもなく、そのようなムードが漂う中で生きているだけ。そんな中、結婚を前提とせずに複数の相手とセックスをしていると、自分が陰で「公衆便所」と言われていることを知り、彼女はショックを受けるのです。

「性の解放」、「フリーセックス」という言葉は目立っていたものの、女性の性欲のあり方を受け入れるだけの度量は、男性の中にはまだ育っていなかった模様です。男性もせっせと「している」のに、同じように「している」女性は揶揄《やゆ》の対象となるのであり、その後も「ヤリマン」「サセ子」など、色々な人とセックスをする女性を揶揄する言葉は作られていくことになります。

自由なセックスというものに男も女も戸惑いつつも、昭和四十五年（一九七〇）前後は、日本における処女感覚に変革がもたらされた時期でした。若者達は大人に強制された規範に反発し、性の世界においては女性達が、「女は結婚するまで処女でいるべし」という規範を、無視するようになってきたのです。

しかし極端な動きが現れた時、揺り戻し現象が起こるのは世の常。フリーセックス的な動きに対しても、様々なバッシングがありました。昭和四十五年刊の曽《そ》野《の》綾子《あやこ》のエッセイ『誰のために愛するか』、昭和四十七年刊の、元東宮侍従・浜尾実《はまおみのる》のエッセイ『女の子の躾《しつ》け方』がそれぞれベストセラーとなったのも、揺り戻し現象の一端だったのではないか。

『誰のために愛するか』は、恋愛や結婚に悩む若い女性に向けてのエッセイで、刊行当時の曽野は四十歳直前です。この中で、結婚前のセックスの是非について、「今では、もうそんなことが問題になるのもおかしい、という気風がある」が、こんな事例もある、と曽野が紹介するのは、とある夫人の話です。

戦争中、好きだった青年将校に思いを告げられないまま彼の戦死の報を聞いて、おおいに後悔をした、その夫人。戦後、別の人と結婚することになった時に彼女は、「同じ後悔はしたくない」と婚前交渉を持ったが、結婚後に夫は、「あんなに俺に簡単に身をまかせた」ということから「お前は、昔からだらしのない女だった」と言うのだ、と。

　刊行当時のような時代でも、「自分のためにだけ生まれてきた娘、というものが男にとって魅力のない訳はない」と、曽野はさりげなく婚前に処女でなくなることの不利益を提示します。そして、性の解放を実践したいのであれば相当な覚悟が必要だ、と説くのでした。

『女の子の躾け方』は、さらにはっきりと「女子の生きるべき道」を示しています。著者は、現天皇陛下、秋篠宮《あきしののみや》殿下の御養育係を務め、退官後は聖心女子学院の教諭となった人。自身の五人の子供達を育てる中で、男の子は理論的な頭脳を持つのに対して、女の子は生活に即して物事を考える、と確信。だからこそ男女が同じ教科書を使うのは間違いであり、女の子は女の子らしく育てるべきなのだ、と「まえがき」にはありました。

　本文には、百項目にわたる「女の子はこう育てるべし」との理念が記されています。「男女共学はマイナスである」「育児こそ女性の最高の天職である」「子どもは多ければ多いほどよい」といったことが書かれる中で、最後に置かれているのが、性に関する項目です。「女の子には、下着は自分で洗わせよ」（ここには、色つきの下着は性を見世物にする思想のあらわれなので、下着は白でなくてはならない、とも）、「貞節ということを教えよ」そして「堕胎《だたい》とは自分を殺すことだと教えよ」などとあるのでした。

貞節についての項を見ると、一行目から、

「女性は、一生を通じて、夫以外の男性に身をまかせるべきではありません」

と、きっぱり。性の解放、性の自由が盛んに叫ばれる時代ではあるが、そんな流行には「断固として糾弾の声を上げたい」ともあります。当然、「結婚前の男女の交渉などは思いもよらぬこと」と、微塵《みじん》も理解を示しません。

フリーセックス流行《ばや》りの世であったからこそ、正反対の浜尾の意見は、目立ったのだと思います。考えてみれば浜尾は聖心の教員で、曽野も「幼少時より、カトリック教育を受ける」とプロフィールに記す聖心育ち。文明開化以降、キリスト教がもたらした「結婚までは絶対処女」という思想が長く流行っていた日本でしたが、明治維新から百年が経《た》って、とうとうその流行が崩壊しつつある中で、カトリック教徒達は必死に、貞操の火を保とうとしていました。

浜尾の本は、売れました。しかし何かのハウツー本の需要があるということは、その「何か」が生活の中ですでに廃《すた》れていることを示します。「女の天職は育児」も

「女の子は下着を自分で洗え」も「貞操」も、以前は誰に言われずとも当然の事としてとらえられていたのでしょうが、この時代は本から学ばなくてはならないことになり下がっていたのです。

『女の子の躾け方』が刊行された年には、上村《かみむら》一夫《かずお》の漫画『同棲《どうせい》時代』が人気となってもいました。新宿でイラストレーターの次郎とデートした時、「ねぇ同棲しない」と自分から誘い、すぐ一緒に住むようになった、二十一歳の今日子。二人は性欲のおもむくままにセックスをしまくり、妊娠したり堕胎したりしています。

『同棲時代』は、結婚という制度の外で交際する男女の湿り気をたっぷりと表現しましたが、同時期に刊行された田辺聖子《たなべせいこ》の『言い寄る』では、三十代で独身の主人公が、好奇心の赴くままに、カラッとセックスをしています。女性も、食欲と同じように性欲を抱くことの当たり前さが、後ろ暗さなしに表現されるようになったのです。

　そんな風潮に不安になって、親達は『女の子の躾け方』を読んだのだと思いますが、では当の女の子達はしっかり躾けられていたのかといえば、そうでもなさそうです。昭和四十年代前半からは、中高生を読者としたジュニア小説がブームとなっていて、「小説ジュニア」「ジュニア・ライフ」など、各種のジュニア小説誌が競い合っていました。

当初は性描写は禁忌とされていたのが、富島健夫《とみしまたけお》がジュニア小説に性描写を持ち込むと、女子達は夢中になります。たとえば『おさな妻』は、女子高生が子持ちの三十男と結婚するという物語で、初夜のこと、そして最初に絶頂に達したセックスのことなども記されています。扇情的な筆致ではないにせよ、当時のジュニアにとっては十分に刺激的な内容なのであり、性への期待はおおいに膨らんだことでしょう。浜尾は『女の子の躾け方』で「女の子に悪書を与えてはいけない」と書きましたが、女の子達は誰に与えられずとも、自分でジュニアエロ小説を入手していたのです。

ジュニア小説における性描写が盛んになっていった昭和四十年代半ばに、文部省では従来の「純潔教育」を、「性教育」と言い換えるようになりました。戦後、性の乱れを何とかしなくてはならぬということで始まった、純潔教育。しかし「純潔」を訴えるだけでは、もう時代に合わない。「性」全般について教育しなくてはならないのではないか。……と国が意図したのかどうかはわかりませんが、とにかく日本の性教育は、純潔教育をベースとして、再スタートを切ることとなったのです。

モテてからするか、してからモテるか

性欲の存在を意識する女性が増加してきた、昭和四十五年（一九七〇）前後の日本。女性が結婚前にセックスをすることは、さほど珍しくなくなってきました。

その頃の女性達を見てみると、性欲の発露の仕方に二つのタイプがあったように思います。すなわち、フリーセックス系の人々や、田辺聖子『言い寄る』の主人公の乃里子のように、自らの性欲を自覚した上でセックスするタイプと、自らの性欲に気がつかないフリをして、「男性から迫られたので」という態《てい》をとってセックスするタイプ。

山口百恵《やまぐちももえ》がデビューしたのは昭和四十八年（一九七三）ですが、デビューしてから三年間ほどの彼女の歌の数々は、後者のタイプを増加させる役割を果たしたのではないかと、私は思います。

たとえば、第二弾シングル「青い果実」の、

「あなたが望むなら私何をされてもいいわ」

というフレーズは、十代半ばの少女が歌う歌としては非常に刺激的でした。続いて

「禁じられた遊び」では、

「あなたが望めば何でも捨てる」

と。そして「ひと夏の経験」では、

「あなたに女の子の一番大切なものをあげるわ」

「愛する人に捧《ささ》げるため」

と、処女喪失を連想させる歌を、彼女は歌い続けたのです。

デビュー時、山口百恵は中学三年生。森昌子《もりまさこ》、桜田淳子《さくらだじゅんこ》とともに「花の中三トリオ」と言われていましたが、森昌子と桜田淳子はおぼこい少女の初恋の世界を清純に歌っていたのに対して、山口百恵は最初から、性的ニュアンスを感じさせる歌を与えられました。周囲の大人達が、彼女の個性に鑑《かんが》みて、そのようにプロデュースしたのでしょう。

山口百恵による、一連の処女喪失ソングは、全て「男が望んでいることに、女が応《こた》える」という形式を取っているのが特徴的です。女性側に「したい」という意思があるわけではなく、「愛しているから」ということで処女を捨てたりあげたり捧げたり

し、その時に感じる怖《おそ》れと喜びとが、歌のテーマ。性の主導権は、常に男性が握っています。

　山口百恵といえば、阿木《あき》燿子《ようこ》と宇崎竜童《うざきりゅうどう》のコンビによる歌の印象が強いものです。男性にはっきりした態度を示す強い気持ちを持った大人の女、という印象を阿木・宇崎コンビの歌はもたらしたのですが、このコンビによる歌を歌うようになったのは、百恵ちゃんが十八歳の頃でした。

　処女喪失ソングが歌われていたのは、阿木・宇崎コンビが登場する前のこと。デビューからの約三年間が、「捨てる・あげる・捧げる」系の歌の時代であり、この時代のほとんどの歌を作っていたのは、作詞・千家《せんけ》和也《かずや》、作曲・都倉俊一《とくらしゅんいち》という、男性コンビでした。演歌も手がけていた千家の歌詞には、男性に従うことにうっとりしがちな日本女性の湿り気が、たっぷり湛《たた》えられていたのです。

　百恵ちゃんの「捨てる・あげる・捧げる」ソングの数々は、当時の若い女性達に、「彼に処女を捧げることが、愛なのだ」という印象を与えたことでしょう。また若い男性達には、「迫れば、できる」という印象を与えたに違いありません。

　一九七〇年代は、日本で「モテ」の問題が初めて顕在化した時代ではないかと、私は思っています。以前も記したように、日本では戦前は七割ほどが見合い結婚だったのですが、戦後は民主化の流れに乗って、その割合がどんどん低下していきます。一九六〇年代の末には、恋愛結婚の割合が見合い結婚を超え、七〇年代になると見合い結婚はさらに減少、恋愛結婚に大きな差をつけられました。恋愛で結婚相手を見つけることができないのはダサい、という時代になったのです。

　親や上司から結婚相手を押し付けられるのではなく、自分で選んだ相手と結婚することができる。……というのは、かつて恋愛の自由を制限されていた日本人にとっては、一つの「解放」でした。しかしそれは地獄への入り口でもあったことを、今の我々は知っています。

　自分で結婚相手を見つけなくてはならないということは、自分で「モテ」なくてはならないということでもありました。七〇年代以降の日本の若者は、子孫繁栄のために、人並みの結婚をするために、そして性欲を満たすために、「モテ」に必死にならざるを得なくなったのです。

「モテ」が重要な問題になったという事実を示す現象としては、「ニュートラ」という女性ファッションの登場があげられます。ニュートラとは、「ニュー・トラディショナル」の略で、それは女性らしく華やかでありつつも清潔感のあるファッションでした。

六〇年代に流行したアイビーは、アメリカ発祥のトラディショナルファッションでしたが、女性には硬すぎる感がありました。それを新しく解釈し、保守的ではあるけれどより女性性をアピールすることができるスタイルにしたのが、「ニュートラ」です。

ニュートラは、男性にも大人にもウケが良い、今で言うところの「モテファッション」でした。自力で結婚相手を見つけなくてはならなくなった時、女性達はまずファッションを変化させて、異性の食指を動かそうとしたのです。

ニュートラ発祥の地は、神戸でした。そして、「神戸で今、ニュートラというファッションが流行っている」ということを昭和四十九年（一九七四）に初めて紹介したのが、ファッション誌の「アンアン」です。

ニュートラを発見したのが「アンアン」であることを、意外に思う人もいるでしょう。ニュートラといえば、「JJ」「CanCam」などの、いわゆる赤文字系女性誌が得意としたファッション。前衛的なイメージのある「アンアン」がなぜ、と。

新しいものをキャッチする能力の高い「アンアン」は、それが最新のファッションであったからこそ、ニュートラを紹介しました。しかし個性を尊ぶ革新系の誌風である「アンアン」は、モテるための保守系ファッションであるニュートラに、次第に違和感を覚えるようになっていきます。

昭和五十年（一九七五）には、ニュートラの是非を問う特集が「アンアン」で行われ、そこではニュートラ派の女性が「ウーマンリブなんて絶対イヤ」「いわゆるGパンは嫌い」といった発言をしています。

彼女達の発言は、ニュートラが「私は男の敵になるような女ではない」との意を示すファッションであることを物語っていましょう。やがて「アンアン」はニュートラに決別し、より個性的なファッション、つまりは非モテファッションの道を進むことに。対してニュートラは、昭和五十年に創刊された「JJ」が引き受け、やがて「CanCam」「ViVi」等、若い女性がモテのために読む雑誌が次々と登場することになるのです。

ニュートラは、清純なお嬢様風のファッションでしたが、ではニュートラを好む女性達が結婚するまで処女を守ったのかというと、そうではありません。ニュートラがブームとなっていった時期は、山口百恵が「捨てる・あげる・捧げる」ソングを盛んに歌っていた時期と重なるのですが、百恵ちゃんのファン層であれ、ニュートラ層であれ、婚前セックスはもはや禁忌ではなくなっていました。

そこに存在するのが、「セックスを拒否したら、男が離れていくのではないか」という恐れです。もちろん、「結婚するまでは処女でいたい」とセックスを断ることは可能でしたが、ほとんどの女性が結婚まで処女だった時代であればともかくとして、独身でもセックスを躊躇しない女性がたくさんいる中で、「私はしません」と宣言することは、一種の賭《か》け。その心意気にグッとくる男性もいる一方で、

「だったら、他に行くよ」

と去っていってしまう男性もいるに違いない、と処女達は不安に思ったのです。自己責任で結婚相手を見つけなくてはいけない時代になったからこそ発生した、この迷い。異性と交際した時、「結婚までは処女でいたい」とセックスを拒否したら、相手は別の女性のところに行くかもしれない。しかしやすやすとセックスを受け入れたら、「この女は性的にゆるいのでは？」と思われるかもしれない。ということで、するかしないか、するならそのタイミングは？　……と、処女の心は揺れたのです。

　セックスをしたらしたで、「あなたが特別な相手だからこそ私はセックスをしたのであって、性的に乱脈なわけではないし、性的に熟達しているわけでもない」というフリも、女性達は続けなくてはなりませんでした。日本男児が性的に未熟な女性を常に求めていることを、女性達はよく知っていたのです。

昭和五十六年（一九八一）に刊行された小説『なんとなく、クリスタル』は、元長野県知事である田中康夫《たなかやすお》のデビュー作です。神戸から東京の大学へ進み、大学生でありながらモデルもしている主人公の由利は、昭和三十四年（一九五九）生まれという設定です。ちなみに山口百恵も同年の生まれですが、由利と百恵の人生はかなり異なります。

由利は、実社会に出たり結婚したりするまでの猶予《ゆうよ》をたっぷり与えられた、女子大学生。結婚も全く視野に入れていません。対して百恵ちゃんは、中三から働き出し、早くに結婚して引退、出産という人生。

女性の高学歴化が進み、平均初婚年齢も高くなっていた当時は、百恵ちゃん的人生を選ぶ女性は減っていました。だからこそ彼女の引退は、大きな話題となったのです。

対して、神戸時代はニュートラだった由利は、「なんとなく」心地よい事だけをして生きています。当然「なんとなく」セックスもしていて、恋人とするのはもちろんのこと、ディスコで声をかけてきた男子大学生と、なんとなくしてしまったりもするのです。

由利の性意識の持ち方は、「抱かれる女から抱く女へ」というスローガンを掲げていた数年前のウーマンリブの女達とは、随分異なります。処女だの主導権だのといったことを大げさに考えず、パスタはボンゴレにしようかアラビアータにしようかくらいの感覚で、するかしないかを考えているのです。

女子大学生達がそのようにセックスを捉《とら》え、結婚していない女性達にとってセックスが当たり前のものとなっていったこの時代には、性の低年齢化も話題になっていました。年端《としは》もいかぬ少女達にも、セックスが広がっていったのです。

既に七〇年代には、ジュニア小説というメディアによって、ティーン達の性に対する興味が耕《たがや》されていたことは、前章でもご紹介した通りです。が、そんな土壌に種を蒔《ま》き、肥料を与えて〝少女の性〟の花を咲かせた雑誌があって、それが昭和五十三年（一九七八）に創刊された、「ギャルズライフ」でした。

「ギャルズライフ」と聞いて、三塚博《みつづかひろし》議員を思い出す人がいることでしょう。昭和五十九年（一九八四）の衆議院予算委員会において、三塚が「ギャルズライフ」などの少女向け雑誌に、体位だの中絶だのオナニーだのに関する生々しい記事がしばしば載っていることを問題視。その結果、同年に「ギャルズライフ」は「ギャルズシティ」と名を変えてイメージチェンジを図ったもののうまくいかず、やがて休刊することとなったのです。

国会で問題になる程、性についてハードな特集をしていた「ギャルズライフ」ですが、創刊当初は、当時若い男性達に人気だった雑誌「ポパイ」の女性版を意識していたのだそうです。創刊号を見てみると、確かに「西海岸はギャルたちのパラダイス」といった言葉が躍っていて、性の匂《にお》いが漂うわけではありません。

ちなみにこの「ギャル」という言葉は、日本ではその後、ガングロ茶髪系のチャラい女子を指す言葉として広まりました。しかし「ギャルズライフ」創刊時は、アメリカで若い女性のことを言う語として使用されていた「ギャル」を意識していたのだそう。

アメリカ西海岸の世界を目指していたはずの雑誌が、なぜ国会議員から「性欲講座」と言われるほどの雑誌になったのかというと、その震源地は読者による投稿コーナーだったようです。学校や親への不満を読者が投稿し、その問題について他の読者も自分の意見を寄せる……という感じで、今風に言うなら投稿欄がバズったり炎上したりするうちに、メインの読者層が「大人に不満を抱くツッパリ」となっていき、彼女達に寄りそう記事を作っていったら、どんどん性的な色合いが強くなっていった、ということなのです。

「ギャルズライフ」が創刊されたのは、ドラマ「3年B組金八先生」が放送される一年前。大人達は子供達を厳しく管理しようとし、子供達は管理されることが嫌で反抗。

子供が反抗するからまた大人は管理を強め……という悪循環が見られた時代でした。ツッパリ達は、制服を改造したりバイクを乗り回したり、はたまた校内暴力や家庭内暴力などで、管理されるウサを晴らしていました。そんなツッパリ達は、大人達が望む性的な規範にも当然ながら反抗。結果、性の低年齢化が進んでいったのです。

昭和五十五年（一九八〇）になると、「ギャルズライフ」にはセックス関係のページがどんどん増えていきました。同誌の名物企画として、写真をマンガのようにコマ割りして組む「フォト劇画」というものがあったのですが、たとえば「マイ・フーリッシュ・ファースト・ラブ」と題されたフォト劇画（撮影・伊島薫《いじまかおる》）の主役は、処女の女子高生です。クラスで一番「オクレてる」と思っていた友達が「あたし、オンナになっちゃった！」と嬉々《きき》として報告しているのを聞き、「おいてきぼりをくった」気がして「アセリくるっちゃう。だって、だってさ、あたしはまだ、み・け・い・け・ん」と思う、主人公。「Cって、どんなんだろう？　きっと、サイコーにグーなんだろうナ」と、悶々とするのです。

結局彼女は、がっついて初体験をした相手に捨てられてしまうのですが、このようなフォト劇画や投稿欄を見ると、「早くセックスをしなくては」と焦《あせ》る少女達が、一定の割合で存在していたことを理解できます。とはいえ彼女達の性欲が特別に旺盛《おうせい》だったわけではなく、大人っぽいことがしたいからセックスもしたい、という感じ。当時のツッパリは、自らの若さに価値があることを、まだ知りません。つっぱってはいるものの、大人の管理下にあったので自由は無く、「大人になった方が、いいことがある」と感じていたのです。

若者達は皆、背伸びをして大人ぶり、ズベ公（女のツッパリ）は、学校帰りにわざわざ駅のトイレで大人っぽい格好に着替え、制服をコインロッカーに入れて、夜の街に遊びに行きました。彼女達はまだ、自分達のブルマーやセーラー服が「売れる」とは、気づいていなかったのです。

ガキだと思われたくなかったからこそ、セックスを経験していないことが恥ずかしいと思っていた、八〇年代初頭のツッパリ達。「サヨナラ処女」というページでは、「車でナンパされて、ブルブル、ドキドキで初体験。好きな人にあげたかった…」と後悔する女子高生や、「バージンをあげたのはつき合いはじめて2週間目。今は彼なしでは生きられない」と言う女子高生が登場します。

少女達の性意識を明らかにした「ギャルズライフ」は、おおいに売れました。結果、「ポップティーン」など、過激な性描写を売りにする追随誌も登場し、少女達が接触する性情報は、ますます過激になっていくのでした。

「ツッパリ」の純情、「アンアン」の多情

昭和五十年代に創刊された「ギャルズライフ」「ポップティーン」などのティーン向け雑誌は、少女達の要望に応えるようにして、性に関する記事を過激化させていきました。読者は今で言うヤンキーであるところのツッパリ、及びツッパリフォロワーであり、特にツッパリ層は「ガキじゃねぇし」という気持ちから、早期に性行為に手を染めていたのです。

ある女子高生が「ギャルズライフ」に寄せた手記によれば、「処女だけは絶対に守っていこうと決めていた」から彼とは「いつもBまで」だったけれど、ずっとBどまりでは「彼に嫌われそうで怖かった」のでセックスを受け入れたら途端に振られた、とのこと。嫌われたくないのでCしてしまう、という普通の少女も散見されるのです。

昭和五十七年（一九八二）に、同誌で「16才は体験適齢期ってホントだろうか？」という特集が組まれると、賛否両論の大反響が。次号まで、「好きならば年は関係な

い」「ヤリマンは嫌」と、激論が続きました。

　そんな中で当然のように浮上してくるのは、妊娠（＝D）の心配です。「ギャルズライフ」では、「STOP　ザ　D　産んでどうするの？」や「中絶の素顔」やら「女のコたちの水子供養《くよう》『赤ちゃん！　ほんとにゴメンナサイ』」といった特集がしょっちゅう見られ、妊娠の危険性について警鐘が鳴らされていました。

　社会でも、若者の中絶の増加が問題になっています。経済的な理由で中絶することができる日本は、中絶天国とも言われる国。昭和五十六年（一九八一）には経済的理由による中絶を禁止しようとの動きが見られ、その後国会に優生保護法の改正案の提出が検討されます。

　すると「ポップティーン」では、すわ一大事とばかりに、

「ティーンの中絶ができなくなるの!?」

「経済的理由からの中絶ができなくなってしまうよ」

といった文言で、少女達の危機感を煽《あお》りました。セックスは控えようとか、ちゃんと避妊しようということではなく、次号でも、

「ちょっと待ってヨ　中・絶・禁・止・法」

との特集で、「ティーンは中絶ができずに苦しまなくちゃならない!?」「中絶に20万

〜30万円もかかるようになったら払える？」と、中絶の危機を訴えたのです。かつてウーマンリブの人々は、実際的な問題としてのみならず、思想の問題として中絶禁止に反対しましたが、ツッパリ少女は極めて実際的な問題として中絶を必要としていました。

この特集の読者座談会でも語られていますが、当時の一部の若者の間では「Cまで早く進んで、Dになったら堕《お》ろせばいい」というムードが強かったとのこと。それだけに、簡単に中絶できなくなるかもしれない、というニュースは、ツッパリ少女にとって聞き捨てならないものだったのです。

とはいえこの頃の中高生の多くが、性に対して同様の感覚を持っていたわけではありません。若者の性の乱れを把握すべく、総理府の委託で昭和四十九年（一九七四）から行われている「青少年の性行動全国調査」（以降「青少年調査」）において、高校生の性交経験率は、昭和五十六年で男女共に一割程度。昭和六十二年（一九八七）でも、一割をやや超えるくらいなのです。

性の低年齢化を推し進めていた「一部の若者」とは、主にツッパリ層を指します。当時はまだ、若さにさほどの価値はなく、若者は大人に管理される存在であり、楽しいことは大人の特権。ツッパリはその風潮に反発し、早期にセックスをしたのです。

そんなツッパリ達は、性的に早熟ではあっても、独自の道徳観念を持っていました。昭和五十八年（一九八三）の「ギャルズライフ」における「全国つっぱりおきて集」という特集には、暴走族、レディース（女の暴走族）、売春グループ等のルールが載っているのですが、皆意外なほど、異性には一途《いちず》なのです。

たとえば暴走族では「ナンパは禁止（1人の女を大切にする）」との掟《おきて》があります。レディースの側も「ナンパは禁止。彼氏以外の男とＳＥＸしないこと」となっており、対《つい》をなしている。レディースには「命ときめた男とだけ交際《つき》あう。ヤリマン禁止。売《ウ》春《リ》も禁止」との掟も。ツッパリ達は、若いうちに「する」けれど、数多く「する」のはよくないと思っていました。

恋人ができると脱退しなくてはならないレディースにおいては、脱けるメンバーへのはなむけとして、

「絶対結婚しろよ！」

「幸せになれよ！」

などと言いながら集団リンチする、といった奇習もあった模様。

当時は、表向きはレディースだけれど実態は売春グループ、という集団もありました。レディースのフリをする理由は「売春《ウリ》グループというのは、ヤリマンみたいでカ

ッコ悪いから」。そんな売春グループの掟は「彼氏はひとり。ヤリマンは禁止。売春《ウリ》以外で男とやるのはハジ」というものです。

ここで思い出されるのは、以前もご紹介した田村泰次郎『肉体の門』におけるパンパングループの掟です。パンパン達は、「金をもらわずに男と寝ない」ことを掟にしていました。恋愛でセックスしたことが仲間に知られると、リンチにかけられたのです。

ツッパリ売春グループにも、「売春以外で男とやるのはハジ」という、パンパングループと同様の掟があるところに、同じ血が流れていることを感じるのですが、掟をよく読むと、彼氏も一人であるなら持つことを許されたようです。金をもらわないセックスを二人以上の相手と行なっている状態を、彼女達は「ヤリマン」と表現したらしい。

この辺りに、昭和二十年代と五十年代の違いが見えてきましょう。昭和二十年代のパンパンは、生きるために必死で身体《からだ》を売っていました。恋愛の甘さはその必死さに水をさすからこそ、恋愛はご法度《はっと》だったのでしょう。自分達はまともな恋愛をするような立場ではない、という自覚も、あったのかもしれません。

対して昭和五十年代の売春グループは、パンパンほど必死ではありません。衣食は十分足りており、遊ぶ金欲しさで売春をしていたのです。パンパン達よりも売春行為について軽く捉えていたからこそ、売春をしながら恋愛することも可能でした。

しかしそこで「彼氏はひとり」という規定を設けるのが、この時代のツッパリらしいところ。レディースにしても売春グループにしても、恋愛に対しては真剣《マジ》、なのです。ヤクザ等、我が国の伝統的不良集団では儒教的なルールを遵守《じゅんしゅ》することに陶酔感を覚える傾向がありますが、ツッパリ達にも同様のところがありました。

意外に一途な恋愛観を持っていたツッパリ達ではあったものの、ツッパリ系ティーン誌のセックス記事は、過激さを強めていきます。Cの体験談はもちろんのこと、体位やテクニックの解説からラブホテルや性具のガイドまで、少女達の性への興味をこれでもかとかきたてたのです。やがて昭和五十九年（一九八四）には、自民党の三塚博政調副会長の発言によって国会で問題となり、休刊となった雑誌もあったのは、前章でも記した通り。

一九八〇年代（ここはあえて西暦で言いたいところ）、セックスに対する意欲が強かったのは、ツッパリ系の少女達だけではありませんでした。その頃の日本では、世の中全体が、セックスに対する興味をギンギンに募らせていたのです。

ノーパン喫茶、アダルトビデオ、愛人バンク、テレクラといった男性の性欲をターゲットにした商法が次々と脚光を浴びていくのも、この時代。一九八一年に創刊された「週刊宝石」では、「処女探し」というコーナーが人気に。

「処女探し」とは、十数人の素人《しろうと》の独身女性達の写真が並び、それぞれが処女か否《いな》かを当てるというものでした（正解は別ページに載っている）。たとえば創刊の頃には、早稲田と慶應の女子学生や、「クリスタル族」の女性達が、「バージン or ノット・バージン？」について答えています。素人女性が、自らが処女か否かを公表できる時代になったのです。

この企画は一九九六年までの十五年間、続きました。一九九〇年代は、若者の性交経験率が、上がり続けた時代。処女に対する男性達の興味が薄れたからこそ、この企画は終了したのでしょう。

今はなき「週刊宝石」は、いわゆるおじさん達が読む男性週刊誌でした。しかしおじさん達がセックスにギラついた興味を示すことは、何もこの時代だけの特徴ではありません。

八〇年代の特徴は、一見セックスにギラギラしていなさそうな人達も、躊躇なくセックスに対する興味を表明するようになったところにあります。たとえばこの時代は、「ポパイ」や「ホットドッグ・プレス」といった青年男子向けの雑誌でも、セックス特集がしばしば見られるように。

昭和五十一年（一九七六）に創刊された「ポパイ」は、アメリカ西海岸などのファッション、ライフスタイルを紹介して人気を博した雑誌です。その後を追って創刊された「ホットドッグ・プレス」はデートマニュアルの類《たぐい》がよく載る「モテ」に熱心な雑誌でしたので、セックス特集もまだ納得できるところ。しかしおしゃれ派シティーボーイをターゲットとした「ポパイ」も、一九八〇年代には、

「時代がエッチを求めてる」

といった特集を打ち出しているところを見ると、やはりセックスの時代であったことを感じずにはいられません。

風俗店のバリエーションも豊かだったこの時代ですが、「ポパイ」等を読む青年達は、いかに素人の女の子とセックスするかに腐心していました。「クリスマスイブはシティーホテルに彼女と泊まる」という行為が広まったのもこの頃で、クリスマスイブに処女を失う女性は珍しくなかったものです。

「時代がエッチを求めてる」との特集を見てもわかるように、八〇年代は「エッチ」という言葉が使用されるようになった時代でもあります。エッチすなわち「H」とは、そもそも「変態」の頭文字として、好色な人に対して使われていましたが、この頃か

ら、セックスすることが「エッチする」と表現されるように。

AだのBだのCだのは、子供の用語。セックスだのまぐわいだの情交だのは、湿り気たっぷり。それに比べると、「エッチ」は軽くて乾いていました。八〇年代は「お茶する」「ブリッ子する」など「……する」という言い方が流行っており、「エッチする」もまた、若者達が軽ーく楽しむレジャーの一つ、くらいの響きで捉えられることになったのです。

若い男性が読む雑誌がエッチに夢中だったこの頃、若い女性達が読む雑誌もまた、エッチと向き合っておりました。女性誌「モア」に「モア・リポート」が発表されたのは、昭和五十五年（一九八〇）のこと。モア・リポートとは、恋愛やセックスの意識についての女性達への調査をまとめた報告書。アメリカ女性の性行動を調査した「ハイト・リポート」に刺激を受けて行ったものです。ハイト・リポートがそうであったように、モア・リポートでもオーガズムについて詳細に聞いており、七割もの日本女性が、セックスで「イッたふり」をしているという結果は、男性達に衝撃を与えました。

ちなみに「ギャルズライフ」においても、昭和五十八年に「’83ギャルズセックスリポート」という調査が行われており、初体験の平均年齢が十四・九歳という衝撃的な数字を叩《たた》き出しています。しかしこれは調査対象が五十人である上に、その五十人もかなり偏《かたよ》った層であると想像され、信頼度は低い。読者に「みんなそんなに早くしてるの！」という焦燥感を与えるための恣《し》意的数字であったものと思われます。

「ギャルズライフ」がセックスリポートを発表した年、「アンアン」においてもセックス特集の萌芽《ほうが》が見られました。この年の「ひとりの彼では物足りなくて。」という特集では、読者百人にアンケートをしたところ、「ステディのほかにもうひとりいると答えた人が半数以上」との結果が出ています。ツッパリ少女は「セックスするのはひとり」と思っていましたが、ちょっとお姉さんの「アンアン」読者は、同時に複数人とセックスすることを躊躇しなくなっていました。

昭和六十二年には、「わたしが寝たい男ベスト20」とのアンケート結果が発表されています。単なる「好きな男」ではなく「寝たい男」であるところがポイントで、「したいか、したくないか」で女性も芸能人を見ていることが明らかに。ちなみにこの時の一位は、田《た》原俊彦《はらとしひこ》でした。

翌年には「他人《ひと》のセックスについて、知りたい。」という特集が。そして平成元年（一九八九）には、その後名物企画となっていった「セックスで、きれいになる。」が初登場します。「私はセックスできれいになった、痩《や》せた」との読者手記が載るなどし、セックスは愛情の発露や生殖の手段であるのみならず、美容のための一手段だ、という新機軸を打ち出すのです。するとセックスをしていない人はきれいではない、という言説も成り立つようになり、女性達はますます「しなくちゃ」と思うように。

このように男も女も、「したい」「しなくちゃ」「しない方が変」という気運が高まり、セックス祭りのような様相を呈していた八〇年代ですが、その状況を「変だ」と感じる人もいました。「アンアン」の「わたしが寝たい男ベスト20」が載った号には「私たちはこんな男が好き！」という鼎談《ていだん》があり、そこではタレントの高見《たかみ》恭子《きょうこ》が、

「今の男女はね、男女の興味しかわいてないのよ。この、国民全体がちょっと性意識に燃えすぎちゃってるのは、どうしちゃったんだろうね」

と発言しています。男性については、「性的にすぐれているものが世界を制すると思ってほしくない」とも。

高見はここで、「(性的に)オープンにすればするほど、セクシーさって失われる」とも述べています。性に対してあけすけな姿勢をとるとかえって相手は欲情しない、ということでしょう。さらには、女性が性的な言葉を発するのを躊躇しなくなり「やろうぜ」などと迫っていく時代が来たら、「男の子はどんどんダメになっていくと思うんだ」との予言も。

八〇年代はエイズに人々が怯《おび》えはじめた時代でもありましたが、それでも日本のセックス祭りは続き、平成三年（一九九一）に放送されたドラマ「東京ラブストーリー」では、ヒロイン役の鈴木《すずき》保奈美《ほなみ》が「やろうぜ」ではないものの、

「ねぇ、セックスしよ」

と、男性に自分から持ちかけ、肉体関係を結んでいました。

「東京ラブストーリー」が放送されたのはバブル崩壊直後でしたが、しかし日本のセックスバブルは、経済のバブルが崩壊した後も、膨らみ続けました。セックスバブルが崩壊し、高見の予言通りに日本人の性が不活発化していくまでには、もうしばらくの時をまたなくてはなりません。

処女の価値、ストップ安の時代

昭和六十三年（一九八八）、松任谷《まつとうや》由実《ゆみ》がリリースしたアルバム「Delight Slight Light KISS」のテーマは、「純愛」でした。この頃、ユーミンが毎年末にリリースしていたアルバムは、若者にとってご託宣のような役割を果たしていたのであり、若者達は、

「純愛……、新しい！」

との衝撃を受けたのです。

それというのも前章でも記した通り、八〇年代は、セックスという玩具《がんぐ》を手にして日本人が浮かれていた時代。肉体の交わりにばかり注目が集まっていたからこそ、ユーミンがその対極にある「純愛」を打ち出したことは、新鮮に思われました。

このアルバムは、昭和六十二年（一九八七）発売の「ダイアモンドダストが消えぬまに」、平成元年（一九八九）発売の「LOVE WARS」と共に、「純愛三部作」とも

言われました。これらの作品群は、バブル絶頂期のＢＧＭの役割を果たしたのです。

　バブル期、ユーミンのアルバムは売れに売れており、ミリオンセールスは当たり前で、一時はダブルミリオンにも届いていました。それほど売れていたアルバムで「純愛」を説いたのだから、セックス偏重という時代の趨勢《すうせい》にストップがかかりそうなものですが、しかしそうはなりませんでした。

「乱倫の時代だからこそ、かえって純愛がおしゃれ」とユーミンからのお告げが降《くだ》ったことにより、世が純愛ブームになったことは、事実です。昭和天皇崩御の頃に刊行された「アンアン」には、

「’89年は、純愛に賭けてみる」

　というページが見られ、その中のインタビューでユーミンは、

「セックスしても、それが確固たる信念を持ったセックスなら純愛よ。でもむやみやたらは×」

　と語っています。それはつまり、下品な言葉で言うならば「ヤリマン、セフレは×」ということであるわけで、その言葉通り、平成二年（一九九〇）から平成三年（一九九一）にかけては、トレンディードラマの世界も純愛ブームに。「東京ラブストーリー」は、「すてきな片想《かたおも》い」「１０１回目のプロポーズ」と共に「純愛三部作」とされ

ています。「東京ラブストーリー」の「セックスしよ」も、そこに愛があったから純愛なのです。

しかしこのブームにおいては、「それが流行っているから」と、「純愛」が消費された感があります。目新しいものを常に欲していた当時の人々にとって純愛は、時代を咀嚼《そしゃく》するためのオカズとなったのです。

純愛ブームは、純潔ブームとは異なります。そこに愛がどれほどあろうと、結婚前のセックスや、人生において二人以上の人とセックスすることを認めないのが、純潔観念。対してユーミンが提唱した純愛は、「そこに愛があれば、セックスはどれほど&誰とでもＯＫ」と解釈することができます。セックスの度に「相手を愛している」と思うことができれば、それは純愛となったのです。

ユーミンは、一九七〇年代からずっと「セックスあり」の恋愛を歌っていました。ですから純愛は、既に処女ではない女性達の間で流行しました。処女膜再生手術のブームは既に終わっていましたが、この頃の女性達は純愛ブームに乗ることによって精神的な処女膜再生、すなわち処女プレイに挑んだのです。

かくして純愛ブームの中、順調に婚前交渉容認派は増加し、またセックスを経験している独身者も増え続けていました。

前者に関していえば、NHKの「日本人の意識」調査が参考になります。ここでは、婚前交渉を「不可」と考える人が、昭和四十八年（一九七三）に五十八パーセントだったのが、バブル期の昭和六十三年では三十九パーセントに減少しています。意外に減っていないと思うかもしれませんが、調査対象は、無作為抽出した十六歳以上の日本国民なので、高齢者も含まれています。調査対象を若者に限れば、さらにこの数字は少なかったことでしょう。

独身者の性交渉の有無の割合は、厚生労働省が行なっている「出生動向基本調査」で知ることができます。この調査の源流は、第二次世界大戦中に始まった「出産力調査」。国策として産んだり殖《ふ》やしたりしなくてはならなかった時代に、必要が生じた調査だったと思われます。

その質問項目に、性経験の有無が加わるようになったのは、昭和六十二年の、第九回調査からでした。セックス祭りの時代となって、国としても「調べておいた方がいいのでは？」と思ったのでしょう。

調査対象は、十八歳から三十四歳までの、独身男女。調査開始時点で「性交渉の経験なし」と答えているのは、男性で約四十三パーセント、女性で約六十五パーセントとなっています。前者を「童貞率」、後者を「処女率」とするならば、童貞率、処女率共に、その後は下降を続けるのでした。

この調査は五年に一回の頻度で行われていますが、童貞率、処女率が最も低くなるのは、平成十七年（二〇〇五）です。この時に童貞率は約三十二パーセント、処女率は約三十六パーセント。

ここは西暦で語らせていただきますと、調査を開始した一九八七年と比べると、その十八年後の二〇〇五年に、童貞率は約十一ポイント減少。対して処女率は二十九ポイントも減少して、ほとんど童貞率と変わらなくなっています。平たく言うと、八〇年代末から二〇〇〇年代にかけて、日本の独身女性達は、今までになく「する」ようになってきたのです。

中でも処女率の減少が著しいのが、九〇年代までの時期でした。八七年から九七年までの十年間に、処女率は約二十二ポイントも減少しており、その後は二〇〇五年まで微減を続ける、ということになっている。

東京の高校生に限って見てみましょう。東京都幼稚園・小・中・高・心障性教育研究会が行った二〇〇二年の調査によると、一九八四年時点で、高校三年生男子の性経験率は二十二・〇パーセント、女子が十二・二パーセントでした。それが一九九六年になると、女子の非処女率が男子の非童貞率を抜き去ります。二〇〇二年にもなると、非童貞率は三十七・三パーセント止まりであるのに対して、非処女率は四十五・六パーセントになり、非童貞率に十ポイント近い差をつけることに。つまり九〇年代半ばから二〇〇〇年代にかけて、東京の女子高生達は、男子高校生よりもずっと「する」ようになっていました。

日本の処女率がガクッと減ったこの時代の第一の特徴は、「不景気」です。九〇年代初頭にバブルが崩壊し、日本経済は長いトンネルに入ったのです。

それは、「不安」で「不安定」な時代でもありました。平成七年（一九九五）には、一月に阪神淡路大震災が発生。三月には、オウム真理教が、地下鉄サリン事件という前例のない無差別テロ事件を起こします。

とはいえ、ただどんよりと暗い時代だったわけではありません。不安定な時代には、常軌を逸した弾《はじ》け方を見せる人々が登場するものであり、平成の「ええじゃないか」的ムーブメントは、渋谷で発生しました。ルーズソックス、援助交際、ポケベル、アムラー……といった単語を見るとイメージが湧《わ》くかと思いますが、渋谷を震源として、ギャル系の女子高生達が跋扈《ばっこ》する状態となったのです。

渋谷の一部の女子高生達は、八〇年代から自分達の若さに価値があると気づき始めていましたが、彼女達の感覚は九〇年代ともなると、多くの女子高生に伝播《でんぱ》していきます。八〇年代のズベ公は制服のスカートを長くして大人への抵抗を示しましたが、九〇年代のギャルは、制服のスカートをパンツが見えるほどに短くして、若さをアピールしました。

ツッパリと違って、彼女達は早く大人になりたいとは微塵《みじん》も思っていませんでした。大人は反発する相手ではなく、利用する相手。消費財としての若さを自覚し、彼女達は使用済みの下着や制服などを売るという「ブルセラ」行為に励みます。テレクラや伝言ダイヤルを通じて出会った男性と食事やデート、さらには肉体的な交渉等に応じて金品を得る行為も、珍しくありませんでした。

ギャル文化は、九〇年代の半ばに最も隆盛を極めます。九六年に、東京の高三女子の非処女率が高三男子の非童貞率を抜き去った背景には、このような現象があるのです。

八〇年代のツッパリは、「遊ぶ金欲しさ」からであったにせよ、まだ「ウリはカッコ悪い」という意識を持って、売春していました。しかし九〇年代のギャルは、特に湿った感覚を抱かずに、バイト感覚でパンツやブルマーや肉体を売っていた。「パンツを売ってどこが悪いの？」と聞かれると、大人達は答えに窮したものです。

九〇年代半ばには、ギャル達を読者とした「Cawaii!」や「egg」といった雑誌が人気を博します。「Cawaii!」元編集長の荻野《おぎの》善之《よしゆき》氏に当時のギャルの生態についてうかがうと、ブルセラやテレクラ等の「若さを売る」行為は、ただマスコミが騒いでいただけでなく、本当にポピュラーだったようです。それも、経済的に恵まれないギャルばかりでなく、いわゆるお嬢様系の学校に通っているような女子高生も、当たり前のようにパンツ等を売っていたのだそう。

お金をもらってセックスまでするか否かは、それぞれの裁量で判断されていました。しかしレベルはどうあれ、ギャル系女子高生達の間で、自らの若さや性をお金に替えることに対するハードルがこの時期、著しく低くなっていたことは事実のようです。

反対に言うならば、当時はそれだけ、女子高生の性を買う人が存在したことになります。不景気でも性産業は強いと言いますが、安価、安易に近づくことができた素人女子高生に、当時の男性の性欲は流れていったのかもしれません。ちなみにあの東電ＯＬ事件も、ギャルが跋扈していた一九九七年の渋谷で起こっています。

ＨＩＶの問題がクローズアップされたこの時代、厚生省のＨＩＶ感染症の疫学《えきがく》研究班では、平成十一年（一九九九）に「日本人のＨＩＶ／ＳＴＤ関連知識、性行動、性意識についての全国調査」というものを行っており、ここでは「初交が10代だった性経験者の割合」を調査しています（『10代の性行動と日本社会』木原雅子）。それはすなわち、非童貞・非処女の中で、初めて「した」のが十代だった人の割合。当然ながら、上の世代ほど、「十代で『した』」率は低く、若い世代ほどその率は高いのです。当時五十五歳以上という、ざっくり言うなら団塊の世代より上の人では、男性は約四分の一、女性は約一割しか、十代で「した」人はいません。

対して、当時十八歳〜二十四歳というギャル世代の若者は、「十代で『した』」率は男女共に約七割。それも、女性が男性をやや上回っています。

「現在の相手と性関係に至る交際期間が1カ月未満だった人の割合」も、調査されています。これは「すぐやる率」と言っていいかと思いますが、団塊の世代より上の世代では男性で一割、女性で五パーセントほどしか「すぐやる派」はいないのに、ギャル世代では男性で六割、女性で五割が「すぐやる派」。

さらに、「これまでに5人以上の性的パートナーを経験した性経験者の割合」を見てみましょう。極めて下劣な表現を使用するならば、「ヤリチン率」「ヤリマン率」ということになりましょうが、こちらは団塊の世代より上の世代では、男性が約三割、女性が約二パーセント。対してギャル世代では、男女共に約四割が、五人以上と「した」経験を持っています。

つまりこの頃、若い世代ほど「早く」からセックスを経験し、それも知り合ったら

「すぐ」して、「たくさん」の人とする傾向が強いという、ファストセックス化が見られたのです。が、この調査の質問を考えたのは、かなり真面目《まじめ》な人だったのではないかと私は思います。ヤリチン率、ヤリマン率を測る基準が「五人」となっていますが、果たして当時「五人と『した』」ことが「性的に奔放な人」の基準として適当だったのか、やや疑問を感じるから。

たとえば清水《しみず》ちなみ『大えっち for Women』を見てみますと、普通の女性達であっても、その程度の人数との経験を持つことは、決して珍しくありません。

『大えっち』は、若い女性に関するセックスデータ集です。調査を行ったのは、平成六年（一九九四）。平均年齢二十五歳の女性約四五〇〇人（既婚者含む）に、セックス関係の様々な質問をしているのですが、清水ちなみは「ＯＬ委員会」を主宰していましたから、本調査における調査対象も、ＯＬ層が中心です。

「ギャル雑誌の読者」のように、特に弾けた調査対象ではないにもかかわらず、この調査における女性達のセックスの平均経験者数は、五・〇三人。普通のＯＬさんでもそのくらいはしていたのであり、九〇年代における「五人と『した』ことがある」女性は、もはや「普通の人」であり、ヤリマンではなかったのではないか。平均経験者数の調査には、経験が〇人という回答、つまり処女の回答も含まれていましたから、処女を抜いて計算したら、さらに平均人数は上がるでしょう。

『大えっち』の調査において、処女率は九パーセント。初体験の平均年齢は、二十歳となっています。初体験が最も多いのは十九歳であり、次いで二十歳、十八歳と続いており、二十一歳になるとがくっと下がります。

この数字は、当時よく口にのぼっていた「やらはた」という言葉が意味するところに当てはまりましょう。「やらはた」とは、「『やらず』に『はたち』になる」の意であり、男も女も「やらはた」は恥ずかしいので回避したい、という風潮があったのです。

同書には初体験の時の個人的感想も載っていますが、二十一歳の時に処女でなくなったある女性は、「重荷が下りてほっとした」のだそう。二十一歳で処女であることが「重荷」だったということは、まさに「やらはた」感覚です。

二十四歳で初セックスをした人は、その理由を「24歳で処女もなんだから、ここらへんでイッパツやっとくか」と思った、としています。また二十三歳で初セックスをした人は「私の年が年なんで、絶対この機会に捨ててやる」と思ったとのこと。

二十歳以上になると、急に処女であることが女性達にとって喜ばしくなくなる様が、これらの記述から滲《にじ》み出ます。初体験が三十二歳だった人にいたっては、「処女じゃないフリがつらかった」とのこと。三十代で処女だと相手に驚かれたり引かれたりするのではないかと危《き》惧《ぐ》を抱いたからこその、「処女じゃないフリ」だったのでしょう。

中には「結婚まで処女でいようと思っていた」という人も、存在はします。しかしその手の人も、相手から求められると、二十歳前後であっさり非処女化。「処女を失ったら、嫁にいけない」という感覚は、九〇年代には失われており、たまにそう思う人がいても、それは社会的な規範ではなく個人的な思考というか嗜《し》好《こう》だったのです。

「二十歳で処女は恥ずかしい」という意識は、恥の文化を持つ日本人に強く訴えかけました。ギャルでなくとも「みんながしてるから、自分もせねば」と思うようになり、かくして九〇年代、処女の価値はストップ安に。日本女性は、明治以前のような性的自由を取り戻したのです。

そして誰もしなくなるのか

日本人のセックス意欲の膨張のピークは、経済面でのバブルよりも遅れて、二〇〇〇年代にやってきます。そんな時代の只中《ただなか》、平成十七年（二〇〇五）に活動開始したＡＫＢ48が「恋愛禁止」というルール下にあったことは「時代錯誤」と捉えられがちでしたが、しかし今になってみるとわかります。日本の若者が性に対して最も積極的な時代にデビューしたアイドルであったからこそ、「恋愛禁止」というルールはファン達に〝効いた〟のだ、と。

若い女の子に恋愛を禁止するということは、「この子達は、処女である」とのアピールとなります。もちろん、そのようなルールがあっても恋愛をするメンバーはいますし、またグループに入る前に既に処女ではなかった人もいるでしょう。しかしルールが存在することによって、「全員、処女です」というふりをすることはできました。女子高校生がセックスをすることが普通になっていたセックス膨満時代だったからこそ、ＡＫＢ48という処女の大群は輝いたのです。

ＡＶの世界に目を移すと、ＡＫＢ48がデビューした頃から熟女もの専門メーカーが登場するなど、熟女ブームがやってきています。処女アイドルの人気と、熟女ＡＶのブームは一見相反しているように思えますが、「男子を傷つけない」という部分において、両者の根は同じでした。

平成八年（一九九六）の時点で、東京の女子高校生の性交経験率は男子高校生のそれを上回っていたと前章でも書いたように、女性の方が男性よりも性的経験が豊富、という時代がやってきていました。その時、繊細な日本男児は困惑したものと思われます。自分よりも性のベテランである女子を満足させられるのか。嗤《わら》われてしまうのではないか、と。

その時に安心して相手にできるのが、「処女アイドル」と「熟女ＡＶ女優」だったのではないでしょうか。両者共に、性的に未熟な男性を決して馬鹿《ばか》にすることのない存在。熟女は経験豊富ですが、その心根は「お母さん」なので、童貞をも優しく導き、受け入れてくれます。日本の若者が最も恐れていたのは、「自分よりも経験豊富な同世代女性」でした。

二〇〇〇年代後半から二〇一〇年までのどこかで、日本のセックスバブルは崩壊します。全国の中学生・高校生・大学生を対象にして六年ごとに行われている「青少年調査」によると、昭和四十九年（一九七四）に調査を開始して以来、上昇傾向がみられた大学生や高校生の性交経験率は、平成十七年にピークに達し、六年後の平成二十三年（二〇一一）の調査では、ぐっとダウン。さらにその六年後の平成二十九年（二〇一七）の調査でも、減少が続いています。

「出生動向基本調査」では、「性経験なし」と答えている人、つまり処女・童貞の割合が、平成十七年に最も少なくなっています。そして五年後から十年後にかけて、処女率・童貞率共に、急上昇しているのでした。

二つの調査で多少の時期のずれはあるものの、二〇〇〇年代後半のどこかで、日本のセックスバブルは頂点を迎え、弾け、崩壊しました。戦後、否、明治の近代化以降ずっと嘆かれ続けてきた「性の乱れ」は、ここにきてやっと沈静化したと言うこともできます。

しかし日本人は、この事実を喜びませんでした。明治以降、日本人が理想とした性人生のあり方とは、「みなぎる性欲を克己《こっき》の心で抑え、然《しか》るべき時に理想的な相手と初めてのセックスをし、その人と生涯、連れ添う」というものだったと思われますが、セックスバブル崩壊後の日本人には性欲がみなぎらず、「ずっと一人でも構いませんが」という人が増えてきたのです。

時代も変わっていました。人口の増加を心配して他国を侵略していたような時代はとっくに終わり、晩婚化や少子化、人口減少が深刻な問題となっていた日本。したい盛りであるはずの若者の「しない化」がなぜ進むのだ、という衝撃が走りました。

コラムニストの深澤《ふかさわ》真紀《まき》さんによって「草食男子」という言葉が世に出たのは、平成十八年（二〇〇六）のことです。ギラギラした肉欲を持たず、サラーっと生きていく男子を表したこの言葉は、いつまでもセックスバブルは続かないことを世に知らしめました。若い男子といえば性欲でギラついて当然、と信じる昭和生まれの人々には、この言葉が奇異に感じられたものです。

草食というと「男子」に結びつきがちですが、肉欲を減少させたのは、男子ばかりではありません。「青少年調査」では「性的なことへ関心を持った経験がある割合」も調べていますが、こちらは性交経験率のピークよりも早く、平成十一年（一九九九）をピークに男女ともに減少傾向となるのです。

ここで気になるのは、「性的なことに関心を持ったことがある若者」が二〇〇五年に激減した一方で、同じ年に若者の性交経験率はピークを迎えていることです。この事実は、性に対する態度の二極化を示しているように私は思います。二〇〇五年時点で、セックス積極派の数が肥大化したのに対して、そのような状況に辟易《へきえき》し、性そのものから遠ざかるセックス忌避派も目立つようになったのではないか。

「性への関心」の落ち込みは、特に女子高校生において顕著です。一九九九年には約八割いた「関心ある」派は、二〇一七年になると四十パーセント台にまで減っているのでした。

二〇一七年というと、私の同級生達の子供が高校生や大学生という時期。確かに友人の娘達を見ていると、男女交際をガツガツ求めない子が多かったものです。

「彼氏はいないけど、友達はいるし家族も仲良しだから、恋愛する必要性を感じない」

という感じで焦ることもなく、むしろ八〇年代に高校時代を送って色恋にやっきになっていた母親の方が、

「あんな感じで、大丈夫なのかしら」

と心配していましたっけ。

我々の青春時代は、言葉はまだ耳に届いていなかったものの「やらはた」的な意識が既に存在していました。つまり二十歳までには「して」おきたい、処女期間が長いのは恥ずかしい、という意識があったのです。

では娘世代はどうなのかというと、「青少年調査」ではぬかりなくその辺りも調査しており、

「あなたは、セックス（性交）の経験がないことについて、どう思いますか」

と、ズバリ聞いています。答えの選択肢は「とてもはずかしい」「少しはずかしい」「あまりはずかしくない」「全然はずかしくない」の四択。

この問いに対する二〇一七年時点での回答はというと、「とても」＋「少し」の「はずかしい」派は、女子高生で九・九パーセント。「あまり」＋「全然」の「はずかしくない」派は、八十五・八パーセント。女子大生でも、「はずかしい」派は二十六・六パーセントに過ぎず、「はずかしくない」派が六十九・八パーセントを占めています。

この質問は、若者の性に対する意欲の低下を受けてこの年から設けられたので、時系列で比較をすることができません。しかし女子大生処女の七割が、処女であることを特に恥ずかしいと思っていないということは、「みんながしているから」とか「遅れていると思われるのが嫌」という理由で「せねば」と思う人は少数派、ということ。「やらはた」意識の希薄化が感じられます。

「興味ない」「したくない」「あせらない」という若い女性が増加したのは、「揺り戻

し」というものかもしれません。物事が行き着くところまで行くと、反動で逆の方へと向かう力が強く働くことがあるもの。若者の性においても、あまりにお盛んな空気の中で育った若者の一部が性に背を向けた、とは考えられないか。

　とはいえ、「女は、簡単に『する』べきではない」という昔風の貞操観念が蘇《よみがえ》ったわけではなさそうです。セックスバブルが崩壊しても、したい人は早いうちにしていますが、それが非難されたわけでもないのですから。

　揺り戻しの原因は様々なものがありましょうが、性的な規範が消えたが故《ゆえ》に欲求が薄くなったということは、一つありそうです。他者から規範で縛られると反発したくなるのが、人の常。性の面でも、かつての日本女性は「結婚まではするな」「生涯、一人の相手とだけするべき」「女は性に関心を持つべきではない」といった規範で縛られることによって、かえって意欲が掻《か》き立てられた部分がありました。

　しかしセックスバブルの時代までに、その手の縛りは、ほとんど霧《む》散《さん》します。性の情報も簡単に入手できるようになって、情報に対する飢えも消えた結果、興味も意欲も薄れたのではないか。

　セックスバブル時代の性的規範は、「するな」ではなく、むしろ「していないと、恥ずかしい」というものでした。そちらの規範に反発して「あえて、しない」という人達が現れたとしても、不思議ではありません。

一九八〇年代から盛り上がりを見せて二〇〇〇年代まで続いた日本のセックス祭りの時代には、モテてなんぼ、してなんぼの空気が横溢《おういつ》しました。一方、その時代に目立つようになってきたのは、おたくの人々です。

「おたく」という言葉は一九七〇年代からあったようですが、広まってきたのは一九八〇年代。恋愛や生殖よりも自分の趣味を追求することを優先したり、また性愛の対象を二次元に求めたりするのがおたくの人々のイメージであり、当初はおたくと言えば男性でした。

おたくとは、セックス祭りが始まった日本において、その祭りに呑《の》み込まれることに最も早くから抗《あらが》った人達ではないかと私は思います。選んだり選ばれたり、番《つが》ったり別れたりすることに伴う生々しさと残酷さが性に合わなかった彼等は、別の土俵で、自分なりの愛と快楽を追求しました。

そんな感覚は、女性の世界へも伝播します。ギャル全盛の時代に登場し、セックスバブルが弾ける頃までによく知られるようになったのは、「腐女子《ふじょし》」の存在。腐女子とは、ボーイズラブ（ＢＬ）の物語を愛好する女性達を示します。

平成二十年（二〇〇八）から連載が始まった東村《ひがしむら》アキコさんの漫画『海月姫《くらげひめ》』は、女おたく達の物語ですが、ここでは女のおたく全般が「腐女子」と表現されています。クラゲおたくの主人公と同じ「天水館」というアパートに住む女性達は、三国志おたくだったり和物おたくだったりと、それぞれが様々なジャンルのおたく。全員独身で、彼氏はおらず作らず、「尼《あま》〜ず」と自称しています。

尼〜ずにとって、渋谷にいるようなおしゃれ女子は天敵。「腐女子に訊《き》いてはいけないランキングＢＥＳＴ５」の一位は、

「処女？」

という問いである、と書いてありました（ちなみに二位は「男の人と付き合ったことある？」）。天水館は、尼〜ず達を、世間からの「モテよ」「セックスせよ」という圧力から守る城のような施設なのです。

女のおたくもまた、ナマの異性関係とは距離を置きがち、というイメージがここには提示されています。が、女のおたくが性愛に興味がないわけではないでしょう。本来の意味での「腐女子」が好むＢＬは、男性同士の性愛を描く物語。過激な性表現もなされているのであり、性愛に興味が無い人は手に取らないであろうと思われる。

おたく系の人々は性愛を忌避するわけではないが、実セックスや実恋愛よりも、脳

内やバーチャル空間におけるそれの方に、より愉悦を感じるタイプなのではないかと、おたく気質を全く持たない私は推察しています。当初、非おたく系の人々は、おたく達を「モテないから、仕方なくそっちの方に行っているのだ」と馬鹿にしていましたが、しかし時が経《た》つにつれ、その評価は変化しました。おたくは時代の先行指標であり、未来を先取りして実恋愛や実セックスと距離を置いたのではないか、と。

二〇〇〇年代に、「草食系」とか「若者のセックス離れ」などと言われるようになったのは、おたくが拓《ひら》いた道を、非おたくも歩むようになったことのあらわれでもあるのではないかと、私は思います。無理してモテようとしたりセックスしたりしなくとも、他に楽しいことはある、と若者達は気づいたのです。

今、セックスに対するハードルは高まり続けています。事前に完全な同意を得た上で行わないとハラスメントとなりますし、相手の性自認や性的指向の多様性も認識し、尊重して行うことが求められている。

そうなると慎重な性格の人達は、セックスに対して及び腰にならざるを得ないことでしょう。もはやマニュアルなど存在せず、「当たり前」も無い中で、自己責任において相手と丸腰でぶつかり合わなくてはならないのですから。

そんな中で私は、村田沙耶香さんの作品を、未来の時代小説のように読んでいます。

最初の章でも触れましたが、『コンビニ人間』の主人公は、三十六歳でコンビニでアルバイトをしている独身の処女。また『消滅世界』は、人工授精で子供を作ることが当たり前になった世が舞台となっています。そこではセックスは野蛮な行為とされており、特に夫婦のセックスは〝近親相姦《そうかん》〟なのでタブー。

しかし『消滅世界』的世界に、さほど荒唐無稽《こうとうむけい》なSF感は、覚えないのです。セックスが、「みんながすること・したいこと」ではなくなりつつある中、「セックスは野蛮なこと」との意識は広まっていくでしょう。また「家族とセックスはできない」とセックスレスになる多くの夫婦を見れば、「夫婦でのセックスは近親相姦なのでタブー」という未来も、少し先の角を曲がったら見えてきそうではありませんか。

村田さんは昭和五十四年（一九七九）の生まれで、女子高生が皆、ルーズソックスを穿《は》いていた時代に高校時代を送ったものと思われます。若者の性と生活との距離が最も近づいた時代に若者だった女性がこのような小説を書くということは、その距離が最も遠い時代に青春を過ごした瀬戸内寂聴さんや田辺聖子さんが、性に積極的な女性を描くことと反対の関係にあるように思うのでした。

性器を結合させて体液を交換するセックスは、不潔で動物的な行為です。そんなセックスを人生で初めて行うにはかなりの蛮勇が必要であり、初めてのセックスにはしばしば、後悔や苦い思いが伴うもの。

「結婚するまでは、セックスをしてはいけない」という規範も、「みんながしているから、セックスをしないと恥ずかしい」という規範も無くなった、今。失敗したら相手との交遊が途絶えてしまうかもしれず、一生消えない心の傷が残るかもしれない「初めてのセックス」という難事業に挑む理由は、薄くなり続けています。セックスも恋愛も結婚も出産も、しようがしまいが「そのままでいいんだよ」と社会が包み込んでくれる中で、

「なんでしなくちゃいけないの？」

という問いが、人の存在理由そのものを、揺るがしているのでした。

そんな中で起こった、新型コロナウイルス騒動。人と会ってはいけない、濃厚に接触してはいけないという全く新しい規範の中で、人々の性欲はさらに萎《な》えていくのか。それとも反発心によって強まっていくのか。結果はまだ、見えていません。

あとがき

日本人は、初ものが好きなのだと言います。キリスト教を信仰しているわけでもないのに、明治の文明開化以降、「結婚するまで処女でなくてはならない」という感覚が日本で広まったのも、その手の感覚がベースにあったせいかもしれません。初セリで高額がついたマグロを競《せ》り落として意気揚々とする寿司屋《すしや》の社長、的な「してやったり」感を、処女と事に至った男性は覚えるものと思われる。

では日本女性が童貞と事に至ることに特別な興趣を抱いてるかといえば、そうではありません。一部マニアはいましょうが、歴史的に見ても、童貞には処女ほどの価値がないようなのです。

処女には処女膜があって、痛がったり血が出たりするので「初もの」感が強いが、童貞はそうではない、という理由がそこにはありそうです。のみならず、こと性に関しては、女性の場合は「熟練」よりも「未熟」の状態が日本男児からは歓迎されるのに対して、男性は性的未熟さよりも熟練度合いが重視されるという事情もありましょう。

男性側の肉体的準備が整わない限りは成立せず、であるが故《ゆえ》に男性主導になりがちな性交の場。だからこそ男性は、「熟練であるべき」というプレッシャーに常にさらされています。

反対に、日本男児の好みを熟知している女性達は、誰に習わずとも「未熟なフリ」を身につけています。性欲や性的嗜《し》好《こう》を解放することができず、処女ではなくなって以降も「こんなの初めて」的な「フリ」を続けなくてはならないのは窮屈なものですが、しかし未熟なフリさえしていればいいというのは、常に熟練プレッシャーにさらされている男性と比べれば、楽と言えるのかもしれません。

今まで見てきたように、処女のあり方は時代と共に変動しています。特に近現代は変化のサイクルが短くなり、明治期以降の「結婚までは処女」という感覚は戦後に崩壊して、「二十歳までに『して』いないと恥ずかしい」というところに到達。折り返して、「別にセックスなんてしたくないので、何歳まで処女であろうと構いませんが」という人も登場するようになったのです。

もはや性欲が本能の一つから除外されつつあるのかもしれない、現在。そこでは処女の価値などどうでもよくなったのかといえばそうではなく、今は一部に「処女厨《ちゅう》」と言われる人々が存在しているのでした。

厨房すなわち中坊（中学生）のように、愛着を持つ対象に強く固執するということで、「処女厨」とは、処女が好きで非処女を憎む人々を指すネット用語。それは生身の女性のみならず、二次元の女性キャラクターに対しても適用される感情のようです。

自分の遺伝子を確実に残したい云々《うんぬん》というよりは、処女厨の人々は、熟練プレッシャーからの解放を求めているのではないかと私は思います。女性を所有はしたい。しかし所有対象から比較や批判はされたくない。そんな繊細な心理と、「穢《けが》れ」を憎む潔癖魂とが、処女を希求する心につながっているのではないか。

まっさらな未踏の地に、俺の旗を立てる。……近代以降、男性が処女に対して抱く夢は、そのようなものでした。処女と「する」ということは、「俺の陣地」宣言だったのです。

結婚しないと女が食べていけなかった時代、結婚初夜の初めての性交は、まさにそのような意味を持っていました。しかし結婚が食べるための手段ではなくなると、人生初のセックスの相手は、女性にとって特別な意味を持たなくなります。初めてのセックスをした相手に所有されるという感もなく、「あげた」「捧《ささ》げた」感もない。たまたま最初に「した」人、でしかなくなったのです。

「初めてのセックス」よりも「良いセックス」が女性にとって重要になってきた時、男性はますます強い熟練プレッシャーにさらされることになりました。そんな状況の中で処女厨という人達が登場するのは、当然のことだったのかもしれません。

　日本の処女史において、処女の価値や、処女から非処女へと移行する理想的タイミングは、男性や社会によって決められる時期が長く続きました。しかし今は、初めてのセックスをいつ誰とするか・しないかを、処女自身が決める時代です。

「女は結婚するまで処女でいるべし」

　という社会的規範や、

「二十歳になっても処女では恥ずかしい」

　といった同調圧力は薄れ、いつ誰とするもしないも人それぞれという、処女意識多様化の時代となったのです。

　それは良いことであると同時に、面倒臭いことでもあるのでした。処女選択の自由がもたらされたことによって、選択の結果の責任を、自分で取らなくてはならなくなってきたのですから。

　そんな責任に疲れ気味の方々と共に、現代女性にもたらされた処女選択の自由に至るまでの道程を歩くようなつもりで、私はこの本を書きました。女性のセックスが他者から縛られたり、他者から過剰な価値づけをされたりした時代があったと知ることが、「では、自分は？」と考える糸口となれば、著者としては嬉《うれ》しく思います。

文庫化にあたっては、新潮社の大島有美子さん、小林由紀さん、福島歩さんに大変お世話になりました。処女の道程を共に探ってくださったことを、最後まで読んでくださった皆様へと共に、御礼申し上げます。

二〇二三年　夏

酒井順子

解説

花房観音

平安時代には、女は死んだら初めての男に背負われて三途《さんず》の川を渡るという俗説があったと知ったとき、「死んでも嫌だ！」と叫びそうになった。その時点で死んでいるけれど。

女性の友人たちにこの話をすると、だいたい同意見だった。「初体験の相手なんか思い出したくもない」「もう顔も忘れているし、二度と会いたくもない」、初めてのセックスは黒歴史だと言い放つ人も少なくない。

処女喪失なんて、初めての男と結婚でもしない限り、ただの通過点に過ぎないのだ。

けれど男性の中には、「処女をもらった」女性を、幾つになっても「俺の女」だと信じている者が、少なくない。私自身も、経験がある。いや、お前と別れてから、何人とやったと思っているんだ！　お前がいかにたいしたことないか身をもって知ってるわ！　と言い返したくなる。

逆に、あの人の童貞奪っちゃったから、彼は別れた今でも私のものよ、などと自慢をしている女の人を、私は知らない。処女喪失と童貞喪失では、「お得感」が違うような気がしてならない。

「処女」について書かれたこの本を読んで、若い頃の記憶が蘇《よみがえ》ってきた。

著者より五つ下、一九七一年生まれの私の時代にも、「やらはた」は、あった。

地方の僻地《へきち》の公立高校から良妻賢母イメージがある京都の女子大に入学したが、地方出身者は自分のようなあか抜けない、いかにも処女の学生がほとんどだった。けれど入学して一年が経《た》ち、二年、三年にもなると、最初は同列に並んでいた「処女」たちがサークルやバイト先、合コン等で出会いを深め、すごい勢いで非処女となっていく。

大学の寮で、構内で、彼氏がデキてエッチしたという話題は日常的に飛び交っていた。女子大という、恋愛対象の男子学生がいない環境だからこそ、話しやすかったのだとも思う。

中には、「処女を守りたいから彼氏とは後ろの穴でいたしている」という、意味不明な話も聞いたことがあるが、多くは二十歳前後を境に旅立ち、軽やかに羽ばたいていった。

そんな中で、取り残され、徐々に少数派となっていった「処女」は、焦《あせ》った。私もそのひとりだった。二十五歳になってから、処女である自分に興味を持った男と体験はしたが、「この機会を逃したら、一生、男に相手にされない処女のままかもしれない」という強烈な焦りだけが動機だった。

五十を過ぎ、下手すりゃ孫もいるような年代になった今になれば、どうしてそこまで「処女喪失」が課題だったのか、何に追い立てられていたのかは謎《なぞ》なのだが、確かにあの頃は、そんな空気が蔓延《まんえん》していた。

また、「童貞」は、風俗で容易に捨てられるけれど、「処女」はそうはいかない。そもそも女性はセックスと恋愛を結び付けて考えられがちで、だからこそ気軽に捨てられず重かった。

本書に「『処女』とは実家にいる女、本来の意味合いはこちら」とあって、学生時代の謎がひとつとけた。

大学の就職課に求人票が貼《は》り付けてあったが、結構な割合で、「実家住まいの人」

という条件があったのだ。どうして就職するのに、実家住まいか、ひとり暮らしかが関係あるのか謎だったが、あれは「処女」ならば従順に真面目《まじめ》に働いてくれるだろうということだったのか。

現実には私の大学では、地方から来て寮や下宿住まいの学生より、付属の中学高校からエスカレーター式で上がってきた実家住まいの学生のほうが華やかで遊び慣れていて、彼氏いる率も高かった感覚があるのだけれども、良妻賢母をよしとする仏教系の女子大に世間が求めていたのは、仕事の能力ではなく、処女性だったのだと今さらながら膝《ひざ》を打った。仕事というのは、「お嫁さんになるための、腰かけ」という認識の求人だったのだ。

大学時代、ある関西圏の情報誌に、私が通っていた女子大が「お嫁さんにしたいイメージの大学ＮＯ．１」という記事が掲載されたこともあった。

それを受けて、教授が授業中に、「君らな、お嫁さんにしたいＮＯ．１て言われて、喜ぶなよ。バカにされてるんだぞ。男にとって都合のいい女ってな」と吐き捨てるように口にしたことも、強く印象に残っている。

貞操観念が強く、処女イメージが強いことは、「男にとって都合がいい、バカにされている」のだというその教授の言葉は、今でもときおり思い出す。

本書を読むと、日本の歴史の中において、「処女」というものが、どのような価値を持ち、女性がどう扱われていたかという「女性史」が丁寧に描かれている。「処女」は、ときに宗教的な背景と共に価値が変動する。

そして貞節、純潔であるはずの「処女」は、男性の性欲を喚起させる記号でもあることを、普段、主に性愛を描いている私は考えずにはいられない。

男性読者を主体とする漫画には、ヒロインである可愛《かわい》い女の子が、さんざんエロいことをされるけど、でも処女は守る、もしくは最終回に主人公と感動的な愛あるエッチをする……というストーリーが、ものすごく多い。裸にされて、大勢にあんなことやこんなことをされても、処女。主人公は、「ご褒美」としてヒロインの処女をいただくのだ。

本書にもあったが、「恋愛禁止」を掲げるアイドルの価値も、処女性だ。「恋愛禁止」アイドルの交際が発覚すると、「騙《だま》された」と荒れ狂う男たちがいる。あんな可愛い娘たちが、彼氏いないわけないだろうと、私なんぞは思ってしまうけど。

ＡＶでも、処女喪失というジャンルはある。可愛い顔ときゃしゃな身体《からだ》で、「ＡＶで男優さんとエッチしたのが初体験」という人気女優もいる。ＡＶ女優というセックスを生業《なりわい》とする女性たちの中にも、男たちは純真無垢《むく》であるという処女性を尊ぶ。以前、編集者と話していて、タイトルに「処女」という文字を入れた官能小説がすごく売れた話も聞いた。それから「処女○○」というシリーズになって、売れ続けているとも。試しに「童貞○○」という官能小説を出してもいまいちだったらしい。若年層の売春の現場において、「処女を売る」のは、相場より高額の金銭を得ることであるのは、それだけ買う側の男性が価値を見出《みいだ》しているのだろう。芸妓《げいぎ》の世界の「水揚げ」も同じだ。処女は高値をつけられる。

なんでおまえら男はそんなに処女が好きなのか。

二十代のとき、ひとつ下の男子と話していて、「俺は、恋人は処女がいい」と言われたことがある。「だって、他の男と比べられるのが、嫌だから」と、彼は言葉を続けた。

このような本音を抱いている男は多いのではないか。自分があくまで経験豊富で、上の立場でいたい。そうでないと耐えられないのだと。

それだけ世の男性は未熟で幼く脆弱《ぜいじゃく》なのか。男尊女卑社会であることにより男性はギリギリのところで脆弱な精神を保っているのかもしれない。妻が自分より収入があったり高い地位にあることが許容できない男性というのは、実は結構存在するが、それも処女好きの延長線上にあるとしか思えない。

だとしたら、処女を尊ぶことは、なんてくだらないのか。

けれど女もそういった処女崇拝に振り回されてきた。

しかし次第に、独身や、結婚しても子どもをつくらない夫婦も増え、また離婚も昔よりも一般的になった今の時代、そもそもセックスってしなきゃいけないものかと人々は考えはじめ、アセクシャル、他者に対して性的欲求・恋愛感情を抱かない人たちが発信をしはじめた。

人工授精、体外受精で子どもを持つことも、だいぶ当たり前になってきた。セックスしなくても親になれるとしたら、セックスしたくない人は、せずに済む。そうなると、ますます処女かどうか、セックスの経験なんて、どうでもよくなる。

もはやセックスは、本能ではなく趣味、個人の嗜好《しこう》なのかもしれない。

処女の在り方について論じるのは、社会の中で男性と女性がどういう位置づけをされていたのかを考えることになる。本書は、ジェンダー研究、そして女性が自分自身のセクシャリティを考えるにおいても欠かせない一冊だ。

あなたのセックスは、社会のものでも、男のものでもなく、あなた自身のものであるということを教えてくれるこの本を、かつての私のように処女であることに雁字《がんじ》搦《がら》めになってきた女、処女でないことに負い目を感じていた女、セックスという行為に違和感を抱いてきたすべての女性と、「処女」を特別なものとして崇拝する男性たちにも強くすすめたい。

（二〇二三年七月、作家）

本書の引用部分には今日の人権意識に照らして不適切と思われる語句や表現がありますが、発表当時の時代的背景を表すものとしてそのままとしました。差別や偏見を助長する意図に基づくものではないことをご理解下さい。

この作品は二〇二一年二月新潮社より刊行された。

松本清張著
黒い福音
現実に起った、外人神父によるスチュワーデス殺人事件の顚末に、強い疑問と怒りをいだいた著者が、推理と解決を提示した問題作。

松本清張著
点と線
一見ありふれた心中事件に隠された奸計！列車時刻表を駆使してリアリスティックな状況を設定し、推理小説界に新風を送った秀作。

松本清張著
ゼロの焦点
新婚一週間で失踪した夫の行方を求めて、北陸の灰色の空の下を尋ね歩く禎子がまき込まれた連続殺人！『点と線』と並ぶ代表作品。

三島由紀夫著
美徳のよろめき
優雅なヒロイン倉越夫人にとって、姦通とは異邦の珍しい宝石のようなものだったが……。魂は無垢で、聖女のごとき人妻の背徳の世界。

三島由紀夫著
永すぎた春
家柄の違いを乗り越えてようやく婚約にこぎつけた若い男女。一年以上に及ぶ永すぎた婚約期間中に起る二人の危機を洒脱な筆で描く。

与謝野晶子著
鑑賞／評伝 松平盟子
みだれ髪
一九〇一年八月発刊。この時晶子22歳。まさに20世紀を拓いた歌集の全399首を、清新な「訳と鑑賞」、目配りのきいた評伝と共に贈る。

西加奈子著　**窓の魚**

私たちは堕ちていった。裸の体で、秘密の心を抱えて――男女４人が過ごす温泉宿での一夜と、ひとりの死。恋愛小説の新たな臨界点。

西加奈子著　**白いしるし**

好きすぎて、怖いくらいの恋に落ちた。でも彼は私だけのものにはならなくて……ひりつく記憶を引きずり出す、超全身恋愛小説。

原田マハ著　**楽園のカンヴァス**

山本周五郎賞受賞

ルソーの名画に酷似した一枚の絵。秘められた真実の究明に、二人の男女が挑む！　興奮と感動のアートミステリ。

原田マハ著　**暗幕のゲルニカ**

「ゲルニカ」を消したのは、誰だ？　世紀の衝撃作を巡る陰謀とピカソが筆に託したただ一つの真実とは。怒濤のアートサスペンス！

早見和真著　**イノセント・デイズ**

日本推理作家協会賞受賞

放火殺人で死刑を宣告された田中幸乃。彼女が抱え続けた、あまりにも哀しい真実――極限の孤独を描き抜いた慟哭の長篇ミステリー。

早見和真著　**ザ・ロイヤルファミリー**

山本周五郎賞・ＪＲＡ賞馬事文化賞受賞

絶対に俺を裏切るな――。馬主として勝利を渇望するワンマン社長一家の20年を秘書の視点から描く圧巻のエンターテインメント長編。

道尾秀介著

向日葵の咲かない夏

終業式の日に自殺したはずのS君の声が聞こえる。「僕は殺されたんだ」。夏の冒険の結末は。最注目の新鋭作家が描く、新たな神話。

道尾秀介著

龍神の雨

血のつながらない父を憎む蓮。実母を殺したのは自分だと秘かに苦しむ圭介。降りやまぬ雨、ひとつの死が幾重にも波紋を広げてゆく。

湊かなえ著

母性

中庭で倒れていた娘。母は嘆く。「愛能う限り、大切に育ててきたのに」――これは事故か、自殺か。圧倒的に新しい〝母と娘〟の物語《ミステリー》。

湊かなえ著

豆の上で眠る

幼い頃に失踪した姉が「別人」になって帰ってきた――妹だけが追い続ける違和感の正体とは。足元から頽《くずお》れる衝撃の姉妹ミステリー！

村上春樹著

東京奇譚集

奇譚＝それはありそうにない、でも真実の物語。都会の片隅で人々が迷い込んだ、偶然と驚きにみちた5つの不思議な世界！

村上春樹著

螢・納屋を焼く・その他の短編

もう戻っては来ないあの時の、まなざし、語らい、想い、そして痛み。静閑なリリシズムと奇妙なユーモア感覚が交錯する短編7作。

森見登美彦著　**太陽の塔**
日本ファンタジーノベル大賞受賞

巨大な妄想力以外、何も持たぬフラレ大学生が京都の街を無闇に駆け巡る。失恋に枕を濡らした全ての男たちに捧ぐ、爆笑青春巨篇！

森見登美彦著　**四畳半王国見聞録**

その大学生は、まだ見ぬ恋人の実在を数式で証明しようと日夜苦闘していた。四畳半から生れた7つの妄想が京都を塗り替えてゆく。

山本文緒著　**アカペラ**

祖父のため健気に生きる中学生。二十年ぶりに故郷に帰ったダメ男。共に暮らす中年の姉弟の絆。奇妙で温かい関係を描く三つの物語。

山本文緒著　**自転しながら公転する**
中央公論文芸賞・島清恋愛文学賞受賞

恋愛、仕事、家族のこと。全部がんばるなんて私には無理！　ぐるぐる思い悩む都がたどり着いた答えは――。共感度100％の傑作長編。

柚木麻子著　**本屋さんのダイアナ**

私の名は、大穴《ダイアナ》。最悪な名前も金髪もはしばみ色の瞳も大嫌いだった。あの子に出会うまでは。最強のガール・ミーツ・ガール小説！

柚木麻子著　**BUTTER**

男の金と命を次々に狙い、逮捕された梶井真奈子。週刊誌記者の里佳は面会の度、彼女の言動に翻弄される。各紙絶賛の社会派長編！

加藤シゲアキ著

チュベローズで待ってる　ＡＧＥ22

就活に挫折し歌舞伎町のホストになった光太は客の女性を利用し夢に近づこうとするが。野心と誘惑に満ちた危険なエンタメ、開幕編。

加藤シゲアキ著

チュベローズで待ってる　ＡＧＥ32

気鋭のゲームクリエーターとして活躍する32歳の光太は、愛する人にまつわる驚愕の真相を知る。衝撃に溺れるミステリ、完結編。

重松清著

きよしこ

伝わるよ、きっと――。少年はしゃべることが苦手で、悔しかった。大切なことを言えなかったすべての人に捧げる珠玉の少年小説。

重松清著

きみの友だち

僕らはいつも探してる、「友だち」のほんとうの意味――。優等生にひねた奴、弱虫や八方美人。それぞれの物語が織りなす連作長編。

恩田陸著

夜のピクニック

吉川英治文学新人賞・本屋大賞受賞

小さな賭けを胸に秘め、貴子は高校生活最後のイベント歩行祭にのぞむ。誰にも言えない秘密を清算するために。永遠普遍の青春小説。

恩田陸著

歩道橋シネマ

その場所に行けば、大事な記憶に出会えると――。不思議と郷愁に彩られた表題作他、著者の作品世界を隅々まで味わえる全18話。

JASRAC 出 2305327-301

処《しょ》女《じょ》の道《どう》程《てい》

新潮文庫　さ－23－14

令和五年九月一日発行

著者　酒《さか》井《い》順《じゅん》子《こ》

発行者　佐藤隆信

発行所　株式会社　新潮社

郵便番号　一六二―八七一一
東京都新宿区矢来町七一
電話　編集部(〇三)三二六六―五四四〇
読者係(〇三)三二六六―五一一一
https://www.shinchosha.co.jp

価格はカバーに表示してあります。

乱丁・落丁本は、ご面倒ですが小社読者係宛ご送付ください。送料小社負担にてお取替えいたします。

印刷・大日本印刷株式会社　製本・株式会社大進堂

ISBN978-4-10-135124-7 C0195